EL ARTE DE SER PADRES DE UN NIÑO CON AUTISMO Y ASPERGER

SATISFACER SUS NECESIDADES ÚNICAS, VER EL MUNDO A TRAVÉS DE SUS OJOS, DESARROLLE TODO SU POTENCIAL

AUDRA MILLS

ÍNDICE

INTRODUCCIÓN

El comportamiento de cada niño nos está diciendo algo. Nuestra tarea es ver el comportamiento como información, no como [frustración].

— ANÓNIMO

LAS PERSONAS CON AUTISMO PUEDEN (Y LO HACEN) PROSPERAR

¿Qué pasaría si se te revelara que uno de los empresarios más destacados de la historia también pertenece al espectro autista? ¿Te sentirías asombrado, intrigado o emocionado? Estas reacciones son bastante comprensibles, teniendo en cuenta que muchas personas neurodiversas optan por mantener en privado su condición para evitar la discriminación (King, 2022). No obstante, esta estigmatización se vio trastocada cuando el hombre más rico del planeta -que también es el fundador de Tesla y SpaceX, Persona del Año de la revista Time y CEO de Twitter, entre otros logros- admitió abiertamente en directo en televisión que tiene el síndrome de Asperger (Hargitai et al., 2022).

Elon Musk no es más que uno de los numerosos individuos excepcionales que tienen el Trastorno del Espectro Autista (TEA). Otros ejemplos destacados incluyen a Eminem, Tim Burton y Greta Thunberg. El TEA a menudo se considera "invisible" porque las personas tienden a ocultarlo para evitar prejuicios. Por lo tanto, la revelación de Musk tiene un doble propósito: destaca las importantes contribuciones que las personas neurodiversas aportan a la sociedad, al tiempo que fomenta un sentido de empoderamiento para otras personas con autismo (Drake, 2021).

Con frecuencia, las personas con TEA son vistas principalmente a través del prisma de sus desafíos en lugar de ser reconocidas por sus extraordinarias capacidades intelectuales. En consecuencia, los logros y la amplia influencia de figuras notables como Elon Musk desempeñan un papel crucial en la sensibilización sobre el autismo y el fomento de una comprensión más profunda de las características distintivas asociadas con esta condición, objetivos por los que los defensores han estado trabajando incansablemente durante mucho tiempo.

Cuando individuos influyentes como Musk comparten sus experiencias personales con el autismo, ayudan a disipar estereotipos y conceptos erróneos. De este modo se allana el camino para que una mayor inclusión reconozca el enorme potencial de las personas con TEA. A su vez, este reconocimiento genera mayores oportunidades para que las personas con autismo prosperen, contribuyan a la sociedad y muestren sus fortalezas y talentos únicos, al tiempo que promueve una mejor comprensión de la naturaleza diversa del TEA.

Barreras y obstáculos

Aunque el éxito de Elon Musk demuestra que las personas con autismo pueden prosperar, es importante tener en cuenta que sus logros excepcionales son sólo una faceta y es posible que no reflejen completamente a la población autista en general (Hargitai et al., 2022). A medida que tú y tu hijo navegáis por la vida, os encontraréis con desafíos distintos, como el acoso y la intolerancia. Aquí hay algunos posibles obstáculos adicionales que podéis enfrentar:

Como padre, es posible que experimentes sentimientos de impotencia y estrés en tu vida diaria mientras te esfuerzas por cuidar a tu hijo con autismo. Esta tensión y sensación de agobio también pueden repercutir en otras áreas de tu vida, incluido el trabajo y las relaciones.

Preocuparse por el futuro de tu hijo es natural. La aprehensión a fracasar como cuidador, junto con los posibles sentimientos de culpa o vergüenza que pueden asociarse a no criar a un hijo con éxito, comprensiblemente pueden llevar a la ansiedad.

Dadas las barreras únicas asociadas con la crianza de un niño con TEA, mantener una relación o un matrimonio saludable y satisfactorio se vuelve aún más crucial para el bienestar emocional general de ambos miembros. Sabes que navegar por las complejidades de la crianza de un niño con TEA puede ser una fuente significativa de estrés.

Existe el deseo de asistir a eventos o aventurarse en público sin preocuparse por los arrebatos o la conducta inapropiada de tu hijo. Esto incluye lidiar con personas poco amables y aclarar a familiares y amigos el estado y las expectativas de tu hijo.

Buscas tiempo adicional para tus asuntos personales, incluyendo suficiente descanso, momentos de tranquilidad en el hogar y la libertad de asistir a reuniones sociales de forma independiente, todo ello con la tranquilidad de que tu hijo y su cuidador están seguros en tu ausencia.

Te preocupa la forma en que los demás interactúan con tu hijo. Existe el temor subyacente de que pueda sufrir acoso, actitudes condescendientes y exclusión de eventos o interacciones sociales. Este libro ofrece un enfoque para ayudarte a ti y a tu hijo con autismo a alcanzar su máximo potencial a la vez que regula el comportamiento y preserva tu bienestar como padre. Tienes la capacidad de reducir la ansiedad y permitirles prosperar. Al adoptar este método, puedes sentirte orgulloso de criar a un niño próspero, inteligente y alegre, independientemente de su neurodiversidad. Tu hijo tiene la capacidad de desarrollar su máximo potencial, establecer relaciones significativas, descubrir sus intereses, entablar amistades y lograr el éxito en la vida adulta. También es posible que tú alcances tus propios objetivos como padre y como persona.

El enfoque de los cinco pilares

Este libro presenta un enfoque de cinco pilares con estrategias que se pueden aplicar a los problemas que surgen al criar a un niño con TEA y ayudarlo a tener éxito. Los pilares no representan un enfoque paso a paso que los lectores deban seguir de manera secuencial. En cambio, proporcionan un marco flexible que los lectores pueden adaptar en función de los retos a los que se enfrenten. En consecuencia, los capítulos del libro corresponden a pilares individuales o a una combinación de ellos, sin seguir un orden lineal estricto.

Primer pilar: Ofrece información valiosa para ayudarte a comprender las razones detrás del comportamiento de tu hijo con TEA, lo que te permitirá implementar eficazmente las estrategias que se tratan a continuación en el segundo pilar.

Segundo pilar: Proporciona enfoques para fomentar el crecimiento del carácter, desbloquear el potencial inherente y mejorar las habilidades, allanando el camino para el éxito en la vida.

Tercer pilar: Ofrece tácticas para ayudarte a lidiar con las acciones impredecibles de tu hijo, incluyendo conductas obsesivas y hostiles, además de abordar los desafíos sensoriales.

Cuarto pilar: Describe métodos útiles para ayudarte a manejar el estrés asociado con el cuidado de tu hijo con autismo, manteniendo al mismo tiempo relaciones sanas con tu familia, a pesar de los desafíos que surgen en la crianza de un niño con autismo.

Quinto pilar: Ofrece sugerencias para ayudarte a obtener asistencia financiera para criar a tu hijo con TEA y prepararle para su futuro.

Cómo puede beneficiarte mi experiencia

La inspiración para escribir este libro surgió de mi participación en el apoyo a la crianza de mi nieto con Asperger, con el objetivo de llegar a los padres de otros niños con TEA. Recuerdo que un día, cuando mi nieto tenía seis años, escuché un fuerte ruido en el comedor mientras yo trabajaba en mi despacho. Al investigar el origen del ruido, descubrí que la lámpara de araña se había descolgado del techo. Fue en ese momento cuando empecé a sospechar que su comportamiento podría ir más allá de las travesuras típicas de la infancia, lo que finalmente condujo a su diagnóstico de TEA.

Una profunda percepción de la perspectiva única de mi nieto se produjo durante las Navidades, cuando tenía doce años. Junto con todos mis nietos, visitamos un vecindario que exhibía extravagantes decoraciones navideñas en sus casas. Sin embargo, su casa favorita sólo tenía una corona iluminada en lo alto del tejado. Esta experiencia me enseñó que mi nieto aprecia la sencillez y prefiere un entorno despejado.

En la actualidad, tiene 24 años y está empleado. Su progreso es evidente, sobre todo en la mejora de sus habilidades sociales. Me ha llevado las últimas dos décadas reunir los conocimientos que se presentan en este libro, y estoy profundamente comprometida a ayudar a otras familias y a sus hijos a lograr vidas alegres, armoniosas y prósperas. Me gustaría demostrar que los niños neurodiversos, que pueden mostrar comportamientos desafiantes en su juventud, tienen el potencial de llevar una vida de éxito en el futuro.

Avanzar por el camino para ayudar adecuadamente a mi nieto a alcanzar su máximo potencial fue un reto para nuestra familia debido a la falta de información de la que disponíamos. Las ideas presentadas aquí tienen como objetivo mejorar la comprensión de las acciones de tu hijo. Aprender de estas lecciones puede ayudarte a reducir la ansiedad y reforzar tu confianza en el camino hacia su independencia. De este modo, todos podréis participar socialmente con seguridad y hacer frente a las dudas que los demás puedan tener sobre vuestro hijo. Al reducir el estrés en tu vida, es posible recuperar el control sobre tus relaciones profesionales y personales, incluidas las que mantienes con tus parejas existentes o potenciales. Ahora es el momento de redescubrir el tiempo personal y devolver la paz a tu hogar. Eres el padre perfecto para ayudar a tu hijo a prosperar.

1

LO QUE DEBE SABER SOBRE EL TRASTORNO DEL ESPECTRO AUTISTA (TEA) Y EL SÍNDROME DE ASPERGER

Nos encontramos en un lugar oscuro, y un poco más de conocimiento ilumina nuestro camino.

—YODA

¿QUÉ ES EL TRASTORNO DEL ESPECTRO AUTISTA (TEA)?

Ste capítulo corresponde al Primer Pilar del Enfoque de los Cinco Pilares y le proporcionará más información sobre el Trastorno del Espectro Autista (TEA) y el Síndrome de Asperger, con el fin de ayudarle a comprender mejor este trastorno.

Asperger para comprender mejor el trastorno de su hijo. La comprensión de las sutilezas del TEA puede comprender el hecho de que las experiencias del TEA son únicas para cada individuo. No existe una etiqueta única para todos.

El autismo se considera un "espectro" porque sus síntomas y su gravedad varían enormemente entre los individuos afectados. Se define como un trastorno del desarrollo (a veces neurológico) que afecta a la comunicación, la interacción social, la capacidad de aprendizaje y el comportamiento. Aunque se puede diagnosticar a cualquier edad, se denomina "trastorno del desarrollo" porque los síntomas suelen aparecer en los dos primeros años de vida (National Institute of Mental Health, 2022).

Signos y síntomas

Las personas con TEA tienen problemas de comunicación, tanto verbal como no verbal, y pueden tener dificultades para interpretar las señales sociales y entablar amistades, lo que puede provocar sentimientos de aislamiento. Los comportamientos repetitivos y la sensibilidad sensorial también pueden perturbar su vida cotidiana. Cada persona con autismo es única, y el apoyo y la comprensión son esenciales para que prosperen. El seguimiento del desarrollo puede ayudar a detectar signos tempranos de TEA, que normalmente se vuelven consis- tentemente observables a la edad de dos o tres años (CDC, 2019a). Los niños con TEA pueden mostrar algunos, pero no todos, de los siguientes comportamientos.

Comportamientos de comunicación e interacción social

Según el Instituto Nacional de Salud Mental (2022), los individuos con TEA comúnmente exhiben algunos comportamientos de comunicación e interacción social, que incluyen:

- Abstenerse de hacer o mantener contacto visual regular
- Parecer desinteresados, indiferentes o inconscientes cuando conversan con otros.
- Rara vez expresan entusiasmo, afecto o placer por objetos o actividades (incluyendo mostrar o señalar cosas a los demás)
- No responder o responder con retraso a su nombre o a otras invitaciones verbales de atención.
- Enfrentarse a dificultades en el intercambio de conversación.
- Hablar apasionadamente sobre un tema favorito durante mucho tiempo sin darse cuenta de que los demás pueden no estar interesados o sin permitir que los demás participen. Mostrar movimientos faciales, gestos y expresiones que no coinciden con las palabras pronunciadas.
- Utilizar un tono de voz anormal que puede sonar monótono o robótico.
- Dificultad para comprender el punto de vista de los demás o para predecir o entender su comportamiento. Problemas para adaptar su comportamiento al entorno social.
- Dificultades para participar en juegos imaginativos o entablar amistades.

Comportamientos o intereses restringidos o repetitivos

Según los CDC, los individuos con TEA pueden mostrar comportamientos atípicos o tener intereses que pueden considerarse inusuales (2019a). Estos comportamientos e intereses particulares difieren de otras condiciones caracterizadas únicamente por dificultades con la comunicación e interacción social:

- Ordenar juguetes u objetos de una manera determinada y alterarse si se altera ese orden
- Repetición de palabras o frases (lo que se conoce como ecolalia)
- Realización de las mismas conductas de juego en todas las ocasiones
- Concentración en determinadas partes de los objetos (como las ruedas)
- Reaccionar negativamente incluso ante cambios menores Tener fijaciones u obsesiones
- Seguir rutinas específicas
- Realizar movimientos repetitivos como balancearse, girar o agitar las manos.
- Reacciones inusuales a estímulos sensoriales como sonidos, olores, sabores, apariencias o texturas.
- Mayor o menor sensibilidad a estímulos sensoriales como la luz, el sonido, la ropa, los alimentos o la temperatura.

¿Cuáles son las causas del TEA?

La causa específica del TEA sigue siendo desconocida, pero está relacionada con diferencias en el cerebro. Algunas personas tienen una condición genética que contribuye al TEA, mientras que otros factores aún no se han identificado.

otros factores. Las investigaciones sugieren que las interacciones genético-ambientales pueden influir en el desarrollo y dar lugar al TEA. Tener un padre mayor, un hermano con TEA, un peso muy bajo al nacer o ciertas condiciones genéticas pueden aumentar la probabilidad de desarrollar TEA (Instituto Nacional de Salud Mental, 2022). Hay ciertos medicamentos, como el ácido valproico y la talidomida, que se han asociado a un mayor riesgo de autismo cuando se toman durante el embarazo (Dietert et al., 2011). Las mujeres embarazadas que toman estos medicamentos deben ser conscientes de los riesgos potenciales para el feto. Es importante hablar con un profesional sanitario sobre el uso de cualquier medicamento durante el embarazo para garantizar la seguridad y la salud tanto de la madre como del bebé. Varios estudios han revelado que los individuos con TEA presentan aumentos notables en los biomarcadores de mercurio, lo que sugiere una intoxicación por mercurio (Voight, s.f.). Aún nos queda mucho por aprender sobre la influencia de estos factores en los individuos con TEA.

Diagnóstico

El diagnóstico del TEA requiere una evaluación exhaustiva del comportamiento y de los hitos del desarrollo por parte de un equipo de expertos médicos. El diagnóstico se basa en la comparación del comportamiento con los criterios establecidos, ya que no existen pruebas médicas definitivas para el TEA. El equipo suele estar formado por psiquiatras, psicólogos, neurólogos y pediatras del desarrollo que evaluarán las habilidades lingüísticas, el comportamiento social y las capacidades cognitivas, y pueden utilizar evaluaciones adicionales. El diagnóstico precoz es

El diagnóstico precoz es crucial para que la intervención temprana repercuta en el desarrollo y la adaptación social.

En niños pequeños

El proceso de diagnóstico en niños pequeños suele constar de dos fases: La primera es un cribado general del desarrollo que tiene lugar durante las revisiones periódicas, y la segunda es una evaluación diagnóstica adicional.

Primera etapa: Exploración del desarrollo

Las revisiones periódicas con un pediatra o un profesional sanitario especializado en la primera infancia son importantes para todos los niños. Durante estas citas, se evaluarán los retrasos del desarrollo, incluidos los cribados de TEA a los 18 y 24 meses. Puede ser necesario realizar pruebas adicionales si existe una mayor probabilidad de TEA. Las preocupaciones de los cuidadores también se tienen en cuenta durante el proceso de cribado. El médico puede preguntar sobre el comportamiento del niño y combinar esa información con la de las herramientas de cribado de TEA y las observaciones clínicas. Si se detectan diferencias en el desarrollo durante el cribado, el niño puede ser derivado para una evaluación más exhaustiva.

Fase 2: Diagnóstico del desarrollo

Si una herramienta de cribado indica un área de preocupación, puede ser necesaria una evaluación del desarrollo para identificar con precisión los puntos fuertes y los retos de un niño con TEA. Especialistas formados evaluarán el comportamiento del niño, sus capacidades cognitivas y lingüísticas y sus actividades cotidianas. También se hablará en detalle con los cuidadores.

cuidadores. La evaluación puede determinar si el niño cumple los requisitos para un diagnóstico del desarrollo, y se pueden hacer recomendaciones de tratamiento en consecuencia.

En niños mayores y adolescentes

Los profesores suelen ser los primeros en reconocer los síntomas del TEA en niños mayores y adolescentes escolarizados. El equipo de educación especial de la escuela puede llevar a cabo una evaluación inicial y recomendar una evaluación adicional por parte de un proveedor de atención primaria o un especialista en TEA (National Institute of Mental Health, 2022). La socialización con los compañeros puede ser un reto para los niños con espectro debido a las dificultades para entender el tono, las expresiones faciales, el lenguaje corporal, las figuras retóricas, las bromas o el sarcasmo. Los cuidadores pueden hablar de las dificultades sociales de su hijo con los profesionales sanitarios.

En adultos

El aumento de la concienciación sobre el TEA ha hecho que cada vez más adultos soliciten evaluaciones en etapas posteriores de su vida. Sin embargo, esto puede complicarse por la superposición de síntomas con otros trastornos de salud mental y el desarrollo de mecanismos de afrontamiento (Beversdorf, 2014). Las técnicas de diagnóstico utilizadas en niños pueden aplicarse a los adultos, y sus médicos pueden proporcionar referencias. Durante la evaluación, los expertos preguntarán sobre cuestiones relacionadas con el procesamiento sensorial, los comportamientos repetitivos, la comunicación social y la interacción. Un diagnóstico en adultos puede ayudar a comprender las dificultades pasadas, los puntos fuertes actuales y los servicios y apoyos adecuados (National Institute of Disabilities).

(Instituto Nacional de Salud Mental, 2022).

Tratamiento y terapias

El TEA no se puede curar, pero ofrece una perspectiva única del mundo. Existe un debate entre dos grupos: uno lo considera una discapacidad que requiere intervención médica, mientras que el otro da prioridad a garantizar los derechos de las personas con discapacidad, como prácticas laborales equitativas y cobertura sanitaria (Jewell, 2020). No obstante, pertenecer al espectro puede presentar retos, y una atención adecuada puede ayudar a las personas a desarrollar sus puntos fuertes y adquirir nuevas habilidades.

Medicación

No existe medicación para tratar el TEA. Sin embargo, un psiquiatra infantil, junto con los padres del niño, puede recetar medicación para tratar síntomas como la hiperactividad, la agresividad, la irritabilidad, el comportamiento repetitivo, la ansiedad y la depresión. Aunque no existe ningún suplemento que pueda curar el autismo, ciertos suplementos como las multivitaminas y minerales, la melatonina, los probióticos, la N-acetilcisteína (NAC), la L-carnosina, la L-carnitina, el Ubiquinol, los ácidos grasos Omega-3, la vitamina D y la vitamina C pueden ayudar a reducir síntomas específicos (Cooperman, s.f.). Las propiedades adaptógenas de la ashwagandha también pueden resultar beneficiosas (Vijayalakshmi & Kripa, 2015).

Intervenciones conductuales, psicológicas y educativas

Conductuales

Los enfoques conductuales, incluido el análisis conductual aplicado (ABA), son eficaces para tratar los síntomas del TEA. ABA implica analizar los desafíos y diseñar un plan para mejorar las habilidades adaptativas y disminuir el comportamiento inapropiado (CDC, 2019b). Dos estilos de enseñanza ABA son el Entrenamiento en Ensayos Discretos (DTT) y el Entrenamiento en Respuestas Pivotales (PRT). EL DTT

divide las lecciones en partes simples con instrucciones paso a paso, mientras que el PRT tiene como objetivo mejorar las habilidades pivotales en un entorno natural.

Psicológico

La TCC es una intervención psicológica eficaz para tratar problemas de salud mental como la ansiedad o la depresión en personas con TEA. Explora las conexiones entre pensamientos, emociones y comportamiento con el objetivo de modificar los procesos de pensamiento problemáticos a través del trabajo colaborativo entre la persona con TEA y su terapeuta. Al cambiar su forma de responder a las situaciones, las personas pueden aprender a gestionar mejor su salud mental y hacer frente a los retos de la vida diaria, lo que conduce a una mejora de la autoconciencia, la regulación emocional y el funcionamiento social.

Educativo

El método TEACCH es una intervención educativa para individuos con TEA que hace hincapié en entornos de aprendizaje estructurados y ayudas visuales (CDC, 2019b). Los educadores pueden personalizar la disposición del aula y mejorar los resultados acad- emicos utilizando técnicas como mostrar las rutinas diarias en formatos escritos o pictóricos, crear áreas de aprendizaje definidas y complementar las instrucciones habladas con demostraciones visuales o físicas.

Cuándo acudir al médico

La intervención temprana es crucial para el éxito del tratamiento del Trastorno del Espectro Autista (TEA). Póngase en contacto con el médico de su hijo si sospecha que puede padecer un TEA, ya que la detección precoz aumenta considerablemente las posibilidades de obtener resultados positivos en el aprendizaje, la comunicación y el comportamiento. La detección precoz del TEA también puede contribuir al bienestar de su hijo a largo plazo. Esté atento a los indicadores clave del TEA, como los retrasos en la comunicación y la interacción social, que suelen manifestarse en los primeros años de vida del niño. Busque la ayuda de un profesional formado y cualificado para una evaluación exhaustiva si observa alguno de estos síntomas.

DESMENTIR LOS MITOS SOBRE EL AUTISMO

A menudo se malinterpreta el autismo debido a mitos y falsedades generalizados. Estas ideas erróneas surgen de la falta de conocimiento y experiencia con el autismo. Los estereotipos perpetuados por los medios de comunicación y el entretenimiento perjudican a los niños con autismo y a sus familias. He aquí ocho malentendidos comunes y la verdad que hay detrás de ellos.

El TEA provoca discapacidad intelectual

Las personas con autismo pueden cursar estudios superiores y tener éxito profesional en distintos campos. Sin embargo, es posible que las pruebas estandarizadas de cociente intelectual no midan con precisión sus capacidades intelectuales únicas.

Las personas con TEA carecen de empatía

Las personas con autismo experimentan emociones y pueden tener una mayor empatía, pero su expresión de las emociones no siempre puede ser inmediatamente reconocible debido a la ansiedad o la dificultad para demostrar empatía de una manera convencional.

El TEA está causado por el entorno

Se cree en gran medida que el autismo es genético, con estudios de gemelos que indican una probabilidad del 90% de que el otro gemelo también tenga TEA y los padres de un niño con TEA tienen más probabilidades de tener un segundo hijo con TEA (Tick et al., 2016).

Las niñas no padecen TEA

El TEA es más común en los niños con una proporción de 4:1, pero sigue estando presente en las niñas. Las niñas tienen más probabilidades de ser diagnosticadas erróneamente, mientras que los niños tienen más probabilidades de ser diagnosticados al nacer (Novak, 2022). El TEA tiene un componente genético y tiende a ser hereditario.

El TEA es igual para todos

El TEA es un trastorno complejo con síntomas y dificultades variables. La causa de las diferencias en los cerebros de las personas con TEA no se conoce del todo, y no hay dos personas con TEA que tengan experiencias vitales idénticas debido a la naturaleza diversa del trastorno.

Las vacunas causan autismo

La relación entre las vacunas y el TEA es un mito ampliamente desacreditado. La idea se originó a partir de un estudio retractado publicado en The Lancet, y no existen pruebas científicas que respalden esta afirmación.

El TEA se puede curar

El tratamiento conductual temprano puede ayudar a las personas con TEA a desarrollar las habilidades adaptativas necesarias para la vida cotidiana, incluida la regulación emocional y conductual y la participación social, a pesar de la falta de una cura conocida.

Las personas con TEA tienen habilidades especiales

Las personas con TEA tienen puntos fuertes y débiles como todo el mundo, y pertenecer al espectro no garantiza unas capacidades excepcionales. Sin embargo, algunos individuos pueden mostrar habilidades superiores a la media en determinadas áreas en comparación con sus capacidades generales.

DIFERENCIAS Y SIMILITUDES ENTRE AUTISMO Y ASPERGER

Anteriormente, hemos tratado el TEA de forma general. Sin embargo, es importante centrarse específicamente en el Síndrome de Asperger. Aunque se encuentra dentro de la gama más amplia de trastornos del espectro, el Asperger tiene características definitorias únicas que lo distinguen de otras formas de TEA.

Asperger frente a autismo

Anteriormente, el síndrome de Asperger y el TEA se consideraban trastornos distintos y separados. Las diferencias entre ellos fueron descubiertas por la Dra. Lorna Wing, una psiquiatra británica que tradujo el trabajo de Hans Asperger, un médico austriaco. Asperger identificó características únicas en los niños autistas con síntomas más leves, pero a partir de 2013, el Asperger se considera ahora parte del espectro autista y ya no se diagnostica por separado. Algunos individuos pueden seguir identificándose con el Asperger, ya que forma parte de su autoconcepto. La única diferencia notable entre el TEA y el Asperger es que a los individuos con Asperger les puede resultar más fácil pasar por neurotípicos con menos signos y síntomas. Además, el síndrome de Asperger está menos asociado a retrasos en el lenguaje y puede dar lugar a un diagnóstico más tardío.

Criterios diagnósticos del síndrome de Asperger

El Manual Diagnóstico y Estadístico de los Trastornos Mentales (DSM) es un manual ampliamente utilizado que contiene descripciones, síntomas y otros criterios para el diagnóstico de los trastornos mentales. Los criterios de diagnóstico del síndrome de Asperger figuraban anteriormente en el DSM-IV, que ha sido actualizado al DSM-5. Puede comparar esta lista con los signos y síntomas de las conductas de comunicación e interacción social y las conductas o intereses restringidos o repetitivos para el TEA que aparecen anteriormente en este capítulo.

- Dificultad en la comunicación verbal o no verbal, como evitar el contacto visual o entender el sarcasmo.
- Tener conexiones sociales limitadas o inexistentes a largo plazo con los compañeros
- Falta de entusiasmo por participar en actividades sociales o en intereses compartidos con otras personas Reacción mínima o insignificante ante situaciones sociales o emocionales
- Mantener una fascinación prolongada por un tema específico o sólo por un pequeño número de temas
- Mantener un fuerte compromiso para llevar a cabo acciones habituales o rutinarias de forma consistente

- Acciones o movimientos repetitivos que se realizan una y otra vez
- Alto nivel de curiosidad dirigida hacia características particulares de los objetos
- Dificultad para mantener relaciones, trabajos u otros aspectos de la vida cotidiana debido a sus síntomas
- No experimentar retrasos en el aprendizaje del lenguaje o en el desarrollo cognitivo que se observan habitualmente en otros trastornos del neurodesarrollo con síntomas similares (Jewell, 2020).

Opciones de tratamiento

Terapia psicológica

El síndrome de Asperger puede crear problemas de comunicación e interacción, pero la terapia y el tratamiento pueden ayudar a los individuos a encontrar el éxito. La intervención temprana es crucial para obtener resultados beneficiosos. La terapia cognitivo-conductual puede tratar la ansiedad o la depresión concurrentes. El entrenamiento en habilidades sociales mejora la comunicación y la comprensión de las señales sociales. La fisioterapia o la terapia ocupacional se centran en mejorar el movimiento y la coordinación. La terapia familiar implica a toda la familia en el proceso terapéutico para fomentar las habilidades sociales y de convivencia. El ABA puede mejorar las habilidades sociales y de comunicación de los niños con Asperger fomentando los comportamientos positivos y desalentando los negativos. El tipo de terapia ABA utilizada puede variar en función de la edad y de las áreas de habilidades a las que se dirija.

Medicamentos

No existen medicamentos aprobados para tratar el Asperger o el TEA, pero pueden recetarse medicamentos para trastornos coexistentes como la ansiedad, el TOC, la depresión, el TDAH, el trastorno bipolar y los problemas del sueño. Los antidepresivos como los ISRS pueden utilizarse para la ansiedad y la depresión, mientras que los fármacos como el metilfenidato se utilizan para el TDAH. Los estabilizadores del estado de ánimo, los antipsicóticos y los antidepresivos pueden utilizarse para el trastorno bipolar, y los suplementos de melatonina pueden ayudar con los problemas de sueño.

Logopedia y terapia del lenguaje

La terapia del habla y el lenguaje puede beneficiar a las personas con síndrome de Asperger, a pesar de sus capacidades lingüísticas típicamente fuertes. Esta terapia puede ayudar a mejorar el tono conversacional y la capacidad de percibir y responder al lenguaje figurado. También puede ayudar a las personas con Asperger a reconocer los matices del lenguaje y a desarrollar estrategias de comunicación eficaces, lo que mejora las interacciones sociales y las habilidades comunicativas.

Arteterapia y musicoterapia

El arte y la musicoterapia utilizan actividades creativas como el dibujo, la pintura, la música y el canto para abordar distintas necesidades. Son especialmente eficaces para mejorar la comunicación y las habilidades sociales. Por ejemplo, aquellos que participan en la creación musical con otros desarrollan comportamientos como el contacto visual, la toma de turnos y el compromiso activo con otra persona (Seladi- Schulman, 2019). Al proporcionar un entorno sin prejuicios para la expresión, los individuos pueden desarrollar la autoconciencia y la autoestima, y explorar nuevos mecanismos de afrontamiento. El arte y la musicoterapia también tratan la depresión y la ansiedad. Involucran tanto las facultades cognitivas como las emocionales para un enfoque holístico.

Dieta

Las personas con TEA pueden probar tratamientos dietéticos, como una dieta sin gluten o sin caseína, como parte del tratamiento de los síntomas. Aunque algunas personas afirman haber obtenido beneficios no hay pruebas concluyentes sobre la eficacia de tales dietas para el Asperger (Seladi-Schulman, 2019). Además, aquellos con TEA pueden tener dificultades con ciertos alimentos o dietas limitadas, por lo que es importante consultar con profesionales médicos y de nutrición. Se recomienda un enfoque personalizado y flexible.

Falta de tratamiento

El Asperger no tratado puede tener un impacto significativo en el desarrollo y bienestar del niño. Los niños con Asperger pueden tener dificultades con las instrucciones, la comunicación social y la motricidad fina. También pueden tener dificultades para llevar una jornada escolar completa y participar en actividades deportivas, lo que conduce a un estilo de vida sedentario y a un mayor riesgo de obesidad y otros problemas de salud. La baja autoestima, el acoso y el aislamiento social también pueden suponer un reto. Desarrollar habilidades de comunicación social, controlar la ansiedad y el estrés y hacer frente a las expectativas académicas pueden contribuir a crear un complejo conjunto de obstáculos para los niños con Asperger.

Similitudes

El TEA y el síndrome de Asperger presentan algunas diferencias, pero comparten muchos puntos en común en cuanto a sus síntomas. A los niños con cualquiera de las dos afecciones puede resultarles difícil mantener relaciones y tienen dificultades para expresar sus sentimientos o emociones. Mantener el contacto visual puede ser difícil, y pueden ser sensibles a determinados alimentos o sonidos. Es frecuente que tengan problemas de motricidad y un fuerte deseo de seguir horarios rígidos. Es probable que los niños con estas afecciones también se obsesionen con temas específicos.

Los individuos con TEA y Asperger pueden ser vistos como socialmente torpes por los demás, y agitar las manos es un comportamiento común en aquellos con cualquiera de los dos trastornos. Estos trastornos suelen requerir apoyo y cuidados especializados para ayudar a las personas a llevar una vida productiva y plena. Es importante obtener un diagnóstico preciso para crear un plan de tratamiento personalizado que satisfaga las necesidades únicas de cada persona. Con el apoyo adecuado, las personas con autismo y Asperger pueden prosperar y desarrollar relaciones sólidas con quienes les rodean.

CRIAR A UN NIÑO CON ASPERGER

Hace poco, una amiga mía se enteró de que su hijo tiene TEA. Aunque sin duda esta noticia supuso un reto para la familia, me alegró ver que aceptaban el diagnóstico con una actitud positiva y sin reaccionar de forma exagerada.

El diagnóstico de Evan

Como madre primeriza, fue todo un reto anticiparme a las acciones de mi hijo Evan. Nunca parecía disfrutar socializando con otros niños durante nuestras clases de actividades para niños pequeños, prefería quedarse cerca de mí. Aunque vivíamos en un barrio familiar con muchos niños de su misma edad, los parques le resultaban especialmente molestos por el alto nivel de ruido.

los altos niveles de ruido. Lo que más me preocupaba era que no parecía dispuesto a comunicarse con mi marido y conmigo, aunque podía hablar.

Evan adoraba los coches y se pasaba horas ordenando sus juguetes. A la hora de limpiar, se ponía nervioso. Le costaba agarrar los lápices y era incapaz de dibujar o trazar una línea o un círculo, una habilidad que yo pensaba que se desarrollaría más en preescolar. Sin embargo, cuando llegó el preescolar, a Evan no le entusiasmaba la idea de ir.

Poco después, cuando estalló la pandemia, Evan se enfadó cuando tuvo que quedarse en casa en vez de ir al colegio. Le costaba entender por qué no podíamos ir al colegio después de desayunar y lavarnos los dientes. Lo único que podía calmarle era sentarse junto a la ventana y ver pasar los vehículos. Jugueteaba constantemente con los dedos, moviéndolos repetidamente.

Cuando hablé de este comportamiento con mi terapeuta, me sugirió que me pusiera en contacto con un pediatra. Finalmente pudimos concertar una evaluación del desarrollo a distancia con un profesional que pudo observar a Evan en su entorno natural con sus juguetes. Se sugirió el diagnóstico de TEA porque Evan presentaba varios síntomas, no sólo unos pocos.

He aprendido que Evan percibe el mundo de forma diferente a la mayoría de la gente, y hemos intentado apoyarle y ver las cosas desde su perspectiva. Ha empezado a trabajar con un logopeda y ha empezado a abrirse un poco más. Durante un paseo con él, vimos un pájaro posado en una valla cercana. Evan señaló entusiasmado al pájaro y dijo: "¡Mamá, mira!". Puede que algunas personas lo consideren un momento pequeño e insignificante, pero para nosotros supuso un gran avance. A veces, los avances más pequeños son los que tienen mayor impacto.

Famosos

Los famosos que comparten sus historias personales de crianza de niños autistas pueden ayudar a reducir el estigma y promover la aceptación del TEA. Su plataforma pública les permite amplificar las voces de la comunidad autista y abogar por el apoyo y los recursos necesarios para prosperar.

Sylvester Stallone

El hijo de Sylvester Stallone fue diagnosticado de TEA a los 3 años, lo que le llevó a grabar un anuncio de servicio público en 1990 para concienciar a la población. Sigue utilizando su fama para promover la investigación y la concienciación sobre el TEA.

Tommy Hilfiger

Tommy Hilfiger, conocido diseñador, creó un anuncio de servicio público para Autism Speaks en honor a su hija, a la que diagnosticaron autismo a los cinco años. Destaca la importancia de la intervención precoz y desea que más gente se preocupe por el autismo debido a la falta de investigación y financiación. Hilfiger se convirtió en defensor y diseñó una exitosa línea de ropa para personas con TEA, incluidos adultos. Su hija, que es muy inteligente, se siente reconfortada por su hermanastro neurodivergente.

Toni Braxton

Toni Braxton, cantante galardonada con un Grammy, ha compartido públicamente su experiencia con el diagnóstico de autismo de su hijo, y atribuye en gran medida sus notables progresos a la intervención temprana y a los recursos proporcionados por Autism Speaks. Anima a los demás a abordar el autismo con una mentalidad abierta y a considerarlo simplemente como una forma diferente de aprender, y no como una deficiencia. El hijo de Toni, que ahora tiene 18 años, ha triunfado como modelo en la industria de la moda, y anima a otros padres a buscar la ayuda que necesitan para que sus hijos prosperen.

PUNTOS CLAVE Y CONCLUSIONES

En este capítulo, cubrimos mucho terreno sobre el TEA para ayudarlo a apoyar mejor a su hijo, de acuerdo con el Pilar Uno del enfoque de los Cinco Pilares. Analizamos los signos, los síntomas, el diagnóstico, el tratamiento y los mitos comunes sobre el TEA. También exploramos el síndrome de Asperger y compartimos historias personales de padres famosos y de un amigo del autor. A continuación, nos centraremos en cómo afrontar el estrés y mantener relaciones sanas mientras se cuida de un niño con TEA. Proporcionaremos estrategias para controlar el estrés y orientación para informar a los familiares y seres queridos sobre el diagnóstico de su hijo.

2

INFORME A SUS SERES QUERIDOS Y A OTRAS PERSONAS SOBRE EL DIAGNÓSTICO

Incluso para los padres de niños que no pertenecen al espectro, no existe el niño normal.

— VIOLET STEVENS

EN SUS TÉRMINOS

Sta sección está relacionada con el cuarto pilar del enfoque de los cinco pilares. El cuarto pilar ofrece un amplio conjunto de métodos útiles para gestionar el estrés que inevitablemente conlleva ser padre de un niño neurodivergente. También profundiza en el mantenimiento de relaciones positivas con su familia a pesar de los diversos retos a los que puede enfrentarse al criar y educar a un niño con TEA. Además, implica encontrar formas eficaces de asegurarse de que puede dedicar suficiente tiempo y atención a su salud emocional, mental y física.

Decirle a los demás que su hijo tiene TEA

Hablar del diagnóstico de autismo de su hijo con otras personas puede ser una tarea difícil. Es natural tener dudas a la hora de revelar esta información y preocuparse por cómo puedan reaccionar o tratar los demás a su hijo. Sin embargo, es importante recordar que el autismo es una afección neurológica genética y que no hay nada de qué avergonzarse. Informar a los demás sobre las necesidades y el comportamiento de su hijo puede ayudarles a entender cómo interactuar con él y disipar cualquier idea errónea sobre el autismo. Planificar la conversación con antelación y elegir un lugar privado y cómodo también puede ayudar. Esté preparado para responder a cualquier pregunta que pueda surgir y recuerde que su cariño y apoyo son cruciales para el bienestar de su hijo. Al compartir información sobre el autismo, puede aumentar la comprensión y la aceptación de la neurodiversidad.

Cuándo contárselo a la gente

Decidir cuándo compartir el diagnóstico de TEA de su hijo es una decisión personal y difícil. Es importante tener en cuenta sus propios sentimientos y necesidades antes de revelarlo a los demás. Recuerde que usted es el mejor defensor de su hijo y que siempre debe sentirse capacitado para tomar decisiones en su en su propio interés. Tómese su tiempo y decida cuándo es el momento adecuado para usted y su familia.

Consejo

Hay formas de manejar las situaciones difíciles en las que se malinterpreta el comportamiento de su hijo sin revelar su diagnóstico. Excusarse educadamente y llevar a su hijo a un espacio privado para reagruparse puede ayudarle a atender sus necesidades respetando su intimidad; por ejemplo, decir: "Por favor, discúlpenos, necesitamos ir a otra habitación para calmarnos un momento" (Beaming Health, 2023) puede ser una estrategia eficaz.

Cuándo es el momento adecuado

Es importante recordar que no está obligado a revelar el diagnóstico de TEA de su hijo a menos que sea necesario. Puede elegir compartirlo cuando se sienta preparado, en lugar de hacerlo bajo presión o estrés, para evitar sentirse frustrado con su entrega. Estar bien informado y capacitado es importante, por lo que se recomienda esperar hasta conocer a fondo el trastorno de tu hijo. Elegir el entorno adecuado también es vital; lo ideal es un ambiente privado, relajado y neutral, con tiempo y espacio suficientes para responder preguntas y establecer límites. Además, tenga en cuenta la familiaridad de sus seres queridos con los niños del espectro y proporcióneles recursos o más información si es necesario. Planificar y preparar la conversación puede conducir a un resultado más productivo. Si no estás en el estado de ánimo adecuado para entablar la conversación, es aconsejable reagruparse y volver a intentarlo más tarde.

Consejo

Anticipe que hablar del diagnóstico de su hijo con los miembros de la familia puede provocar reacciones difíciles, que pueden variar mucho de una persona a otra. Estas reacciones pueden incluir sentimientos de alivio, tristeza o incluso rechazo. Es importante dar espacio a los miembros de su familia para que expresen sus emociones, aunque difieran de las suyas. Aunque es normal que se produzcan diversas emociones, es importante recordar que estas reacciones pueden hacerle sentir herido o aislado.

Si no es el momento adecuado

Compartir el diagnóstico de autismo de su hijo con otras personas puede resultar necesario en ocasiones, aunque no sea en un entorno ideal o cómodo. Si cree que puede beneficiar a su hijo al ayudar a los demás a entenderlo mejor, o si es necesario para controlar expectativas poco realistas sobre el comportamiento o las capacidades de su hijo, considere la posibilidad de compartirlo. Aunque puede resultar difícil compartir información tan personal, recuerde que simplemente está defendiendo las necesidades de su hijo y que no le debe explicaciones a nadie.

Compartir el diagnóstico de TEA de su hijo puede ser especialmente útil en situaciones de angustia o dificultad. Una breve explicación de que su hijo pertenece al espectro puede ayudar a reducir el estrés y la tensión en estas situaciones. Además, corregir las expectativas poco realistas puede ayudar a Además, corregir las expectativas poco realistas puede ayudar a reducir el estrés de su hijo y a educar a los demás sobre las realidades del TEA. Como padre, es posible que conozca ciertas tareas o situaciones que son difíciles para su hijo, y puede hablar en esas situaciones para corregir estas expectativas poco realistas.

En última instancia, compartir el diagnóstico de su hijo es una decisión personal y sólo debe hacerlo cuando lo considere necesario o beneficioso. Sin embargo, recuerde que usted es el mejor defensor de su hijo y que cualquier persona razonable lo entenderá y le ofrecerá su apoyo.

Consejo

En una barbacoa del vecindario, si su hijo pega a otro niño y alguien que usted conoce cree que debe disciplinar mejor a su hijo, puede explicarle al otro padre que su hijo pertenece al espectro autista y que le cuesta ser amable. También puede explicarle que su hijo padece un TEA, que se agobia en situaciones sociales y necesita un descanso, y que su comportamiento no es intencionado y requiere un castigo.

Cómo decírselo a la gente

Para explicar eficazmente a los demás el diagnóstico de TEA de su hijo, considere la posibilidad de utilizar ayudas visuales como vídeos, libros ilustrados e infografías. Estas herramientas pueden simplificar las complejidades del TEA y hacerlas más comprensibles. También es importante utilizar un lenguaje claro y conciso, sobre todo cuando se habla con alguien que no está familiarizado con el autismo.

Para personalizar el diagnóstico de tu hijo, utiliza ejemplos concretos de su vida cotidiana para ilustrar sus puntos fuertes y sus retos. Esto ayudará a los demás a entender cómo el TEA afecta a sus vidas de forma única. Es esencial que los demás reconozcan que el autismo es una parte permanente de la identidad de su hijo y que contribuye tanto a sus puntos fuertes como a sus retos.

Como experto en su hijo y su trastorno, puede utilizar sus propias experiencias y observaciones para ayudar a los demás a comprender lo que el TEA significa para su familia. Aunque las explicaciones de los TEA pueden ser complejas y médicas, compartir sus conocimientos y defender a su hijo puede ayudar a los demás a apreciar la riqueza y la complejidad de las experiencias neurodiversas.

Consejo

Céntrese en los aspectos básicos del autismo, como el hecho de que se trata de un trastorno genético del neurodesarrollo que comienza en el útero y no está causado por las vacunas ni por una mala crianza.

CONSEJOS PARA COMPARTIR

Dé prioridad a las necesidades y el bienestar de su hijo cuando comparta su diagnóstico de autismo. Aunque suponga un reto, puede servir de apoyo para que prosperen. Los distintos grupos pueden necesitar enfoques diferentes, como educar a los miembros de la familia y esbozar adaptaciones para los funcionarios escolares.

Destaque los puntos fuertes de su hijo para reducir el estigma que rodea al TEA. Implique a su hijo en la decisión sobre con quién compartir el diagnóstico. Compartir el diagnóstico puede ser difícil, pero es necesario para su bienestar. Aborde el tema con cuidado, sensibilidad y positividad para ayudar a los demás a comprender y apoyar el crecimiento de su hijo.

Personas queridas

Cuando hables de las necesidades de tu hijo con familiares o seres queridos, elige un momento en el que te sientas alerta y preparado para mantener la conversación. Asegúrate de estar en un ambiente relajado y cómodo tanto para ti como para la otra persona. Investigue antes e intente comprender lo mejor posible los puntos fuertes y débiles de su hijo. Si es necesario, utilice ayudas visuales como vídeos o infografías para explicar conceptos difíciles. Intente basarse en las experiencias personales de su hijo y proporcione ejemplos para ayudar a aclarar y simplificar la información a sus seres queridos.

Hermanos

Es importante iniciar esta conversación pronto, ya que los niños pueden empezar a notar las diferencias entre sus hermanos y plantearse preguntas. Los libros ilustrados pueden ser una ayuda visual útil para explicar el concepto de autismo de una forma que los niños puedan entender.

Al presentar estos libros, es importante utilizar un lenguaje sencillo y conceptos adecuados para su edad. Puede utilizar el libro para explicar que el cerebro de su hermano funciona de forma que el cerebro de su hermano funciona de forma diferente y que puede tener dificultades para hacer cosas que a otros niños les resultan fáciles. También es importante recalcar que su hermano sigue siendo la misma persona a la que quieren y que sus diferencias no lo hacen menos adorable.

Algunos libros ilustrados que pueden ayudar a explicar el autismo a los hermanos pequeños son "Mi hermano Charlie", de Holly Robinson Peete y Ryan Elizabeth Peete, "El libro de la aceptación del autismo", de Ellen Sabin, y "Todas mis rayas: A Story for Children with Autism", de Shaina Rudolph y Danielle Royer. Utilizando estos recursos y manteniendo conversaciones abiertas y sinceras, puede ayudar a sus hijos a comprender mejor el autismo de su hermano y fomentar una relación positiva y de aceptación entre ellos.

Agentes de la ley

Cuando hable con las fuerzas del orden, es importante que lo haga de forma clara y concisa. Aquí tienes algunos consejos si te encuentras en una situación en la que tienes que interactuar con las fuerzas del orden: Limítese a hacer declaraciones breves y objetivas sobre el comportamiento de su hijo. Para evitar confusiones, también puede ser útil que su hijo lleve una pulsera de alerta médica u otro identificador visible. Esto puede evitar que la policía confunda el hecho de que su hijo coja un dispositivo de comunicación o un documento de identidad con el hecho de que coja un arma. Además, puede considerar la posibilidad de utilizar pegatinas de "Niño autista a bordo" en su vehículo. Esto podría ser especialmente útil en una situación en la que necesite una comunicación rápida y clara durante una emergencia. Tomar estas medidas puede ayudar a garantizar que las responder de forma más informada y adecuada cuando interactúen con su hijo.

Extraños

Si se encuentra en un espacio público y su hijo con autismo está experimentando una crisis, puede ser útil utilizar una comunicación directa y clara con los extraños para ayudar a explicar la situación. Puede utilizar un lenguaje sencillo para describir que su hijo tiene TEA, lo que puede ayudar a los demás a entender por qué puede estar comportándose de forma diferente a lo que se considera típico. Además, puede ser útil proporcionar información precisa y objetiva relacionada con el comportamiento y las necesidades de las personas con autismo, para contrarrestar cualquier idea errónea o suposición que puedan tener los desconocidos. Recuerde que las explicaciones no tienen por qué ser demasiado complejas o largas, sino más bien concisas e informativas, para ayudar a los demás a comprender mejor el comportamiento de su hijo y a reaccionar ante él.

Personas desinformadas o críticas

Cuando alguien haga comentarios inexactos o críticos sobre el autismo o el comportamiento de su hijo, es importante que lo defienda. Utilice un lenguaje objetivo y directo para corregir a la gente cuando sea necesario. Por ejemplo, si alguien insinúa que el diagnóstico de autismo de su hijo es algo de lo que hay que compadecerse, puede decir algo como: "En realidad, el autismo es una diferencia neurológica que forma parte de lo que hace que mi hijo sea único. Estoy orgulloso de él y de todo lo que aporta al mundo" (Beaming Health, 2023). También es importante cuestionar las ideas erróneas sobre el autismo, como la creencia de que existe en una escala lineal. Recuerde a la gente que el autismo es un espectro complejo y diverso, en el que cada persona tiene sus propios retos y puntos fuertes. Hablando con amabilidad y claridad, puedes ayudar a crear un mundo más inclusivo y compasivo para todos.

Niños

Explicar el TEA a los niños pequeños puede ser complicado. Es importante utilizar un lenguaje apropiado para su edad y animarles a hacer preguntas sin que se sientan avergonzados. Ignorar el tema y tratarlo como un tabú puede generar confusión y malentendidos.

Un enfoque eficaz es hacer hincapié en la importancia de los modales y la empatía. Ayudar a los niños a entender que las personas con autismo no se comportan mal, sino que intentan gestionar algo que les resulta difícil, puede fomentar la compasión y la comprensión. Anime a los niños a hacer preguntas y a mantener conversaciones abiertas sobre sus pensamientos y sentimientos.

Cuando elija libros ilustrados para guiar la conversación, asegúrese de que la historia refleja la experiencia del niño. Leer sobre un niño con autismo que no habla y agita las manos puede no ser lo mismo para un niño cuyo amigo con autismo es muy verbal y sociable (Loiselle, 2021). Al proporcionar información precisa y crear un espacio seguro para el debate, los niños pueden desarrollar una mejor comprensión del TEA y aprender a apreciar y aceptar el trastorno. TEA y aprender a apreciar y aceptar las diferencias individuales.

SI TU FAMILIA NO ES RECEPTIVA

Es posible que no todas las personas de su entorno apoyen el diagnóstico de autismo de su hijo. Tratar con quienes niegan el autismo o lo ven de forma negativa puede ser frustrante. Sin embargo, es mejor abordar sus preocupaciones con un lenguaje objetivo y comprensible. Educar a estas personas sobre el autismo puede marcar una diferencia significativa, pero puede exigirles nuevos conocimientos y habilidades. Para ayudarles a entenderlo, puede ser útil utilizar analogías como: "Del mismo modo que no castigarías a una persona ciega por chocar con algo porque está fuera de su control, el autismo también presenta retos que requieren un tipo de apoyo diferente" (Beaming Health, 2023).

Es esencial comunicar límites claros a los seres queridos y conocidos que pueden no entender las repercusiones del autismo. Si no están dispuestos a ajustar sus acciones o expectativas, es crucial comunicarles con firmeza lo que va a hacer, incluidas las consecuencias. De este modo, protegerá a su hijo y se asegurará de que reciba el apoyo y los cuidados necesarios.

ESTABLECER LÍMITES CON LOS SERES QUERIDOS

Es importante establecer límites con las personas que no apoyan el diagnóstico de autismo de su hijo, aunque sean familiares o amigos íntimos. A veces, los seres queridos pueden tener expectativas o comportamientos que pueden perjudicar el crecimiento y el desarrollo de su hijo, y es necesario tomar medidas para protegerlos. Como padre, usted es el mejor defensor y protector de su hijo, por lo que es importante que trate esta situación como cualquier otra que pudiera perjudicarlo. Recuerde que el bienestar de su hijo debe ser siempre una prioridad, y no tenga miedo de establecer límites con quienes puedan no entender o apoyar las necesidades de su hijo. Esto puede significar mantener conversaciones difíciles, reducir la comunicación o el contacto, o buscar ayuda externa de profesionales o grupos de apoyo. Si establece unos límites claros, creará un entorno más seguro y propicio para que su hijo crezca y prospere.

SI USTED Y SU PAREJA NO ESTÁN DE ACUERDO

Si se encuentra en una situación en la que usted y su pareja o copadre no están de acuerdo sobre el diagnóstico de TEA de su hijo, puede ser increíblemente estresante para todos los implicados. Es esencial intentar trabajar juntos y llegar a un acuerdo sobre lo que necesita su hijo. Una forma de hacerlo es buscar información de expertos y de otros padres. Tómate tu tiempo para recabar información, leer sobre el tema y discutirlo juntos. Si su pareja o coparental se resiste, es posible que haya un problema de comunicación mayor que deba abordarse.

También es fundamental dar prioridad al mantenimiento de la relación. Es posible que haya habido problemas subyacentes en su relación antes del diagnóstico de su hijo, y es importante no descuidarlos. Mantener una relación sana y afectuosa facilitará la resolución de las diferencias de opinión. Dediquen tiempo a estar juntos, ya sea saliendo juntos o simplemente conversando durante la cena. Acudan a terapia de pareja o individual, si es necesario, para resolver los problemas que puedan estar afectando a su relación. Recuerde que está en el mismo equipo y que ambos quieren lo mejor para su hijo. Si trabajan juntos y dan prioridad a su relación, encontrarán la forma de apoyar a su hijo y de apoyarse mutuamente.

EXPLORAR EL CUIDADO DE SU HIJO

A la hora de compartir información sobre el TEA de su hijo con amigos y familiares, es importante encontrar un equilibrio entre lo que necesitan saber y lo que no. Sin embargo, si estas personas participan en el cuidado de tu hijo, puede haber ciertas cosas que deban saber para garantizar una experiencia positiva y satisfactoria.

Por ejemplo, si a su hijo no le gusta el contacto físico, es importante informar a los demás de que los abrazos u otras formas de afecto físico pueden no ser apreciados.

formas de afecto físico. Del mismo modo, si su hijo tiene algún tipo de restricción alimentaria, es importante que se lo comunique a quienes vayan a ofrecerle comida. Establecer rutinas y fijar expectativas también puede ser muy beneficioso para los niños con autismo, ya que los acontecimientos inesperados o los cambios en la rutina pueden resultar especialmente molestos.

Aunque es importante proporcionar orientación e información a los amigos y familiares que cuidan de su hijo, también es necesario recordar que no todos los comportamientos o desafíos requieren un castigo. A veces, las alteraciones de las rutinas o los comportamientos inesperados pueden ser especialmente abrumadores para los niños con autismo, y es importante abordar estas situaciones con comprensión y paciencia.

Además, es importante ayudar a los amigos y familiares a comprender los objetivos específicos de su hijo. Por ejemplo, si está trabajando en mantener el contacto visual durante la conversación, puede ser útil explicar este objetivo a las personas que interactúan con él. Con la orientación y el apoyo adecuados, los amigos y familiares pueden desempeñar un papel importante a la hora de ayudar a los niños con espectro a prosperar.

PUNTOS CLAVE Y CONCLUSIONES

El objetivo de este capítulo era proporcionarle estrategias prácticas para informar a sus seres queridos y a otras personas sobre el diagnóstico de TEA de su hijo, de acuerdo con el Pilar Cuatro del enfoque de los Cinco Pilares, que se centra en la gestión de los TEA.

pilares, que se centra en la gestión del estrés derivado del cuidado de su hijo con autismo, manteniendo al mismo tiempo unas relaciones sanas con su familia. Aunque no existe un momento perfecto para revelar la afección de su hijo, le sugerimos que se esfuerce por conseguir las condiciones ideales, como cuando está relajado, informado y con mucha energía. Si el TEA de su hijo le causa angustia o alguien tiene expectativas poco realistas de él, hablar puede ayudar a reducir el estrés y a educar a los demás.

También ofrecemos recursos como vídeos, libros ilustrados e infografías para ayudar a comunicarse con familiares, hermanos, agentes de la ley y desconocidos, así como sugerencias para preparar las conversaciones con quienes pueden no ser receptivos al diagnóstico de su hijo. Establecer límites con familiares, parejas o desconocidos que juzguen o estén desinformados es crucial para minimizar el estrés y cultivar relaciones de apoyo.

Más adelante, el próximo capítulo se centrará en cómo se comunican los niños con TEA, y proporcionaremos estrategias para que los padres se comuniquen eficazmente con sus hijos y, al mismo tiempo, los capaciten para interactuar con los demás. Esto está en consonancia con el segundo pilar del marco de los cinco pilares, cuyo objetivo es forjar el carácter del niño, descubrir su potencial y mejorar sus habilidades para ayudarle a alcanzar el éxito en la vida.

3

AYUDÁNDOLES A DESARROLLAR HABILIDADES DE COMUNICACIÓN

El ayer no es nuestro para recuperarlo, pero el mañana es nuestro para ganarlo o perderlo.

— LYNDON B. JOHNSON

CREANDO CONEXIONES

Esta sección explora estrategias eficaces para que los padres puedan comunicarse con sus hijos con autismo y facilitar sus interacciones con los demás. Se alinea con el segundo pilar del enfoque de los cinco pilares, que enfatiza técnicas prácticas para capacitar a los padres para apoyar el desarrollo del carácter de sus hijos, identificar sus fortalezas y ayudarles a mejorar sus habilidades construir confianza y prosperar en la vida.

Para facilitar la comunicación, es importante utilizar un lenguaje sencillo y ayudas visuales, ser paciente y darles espacio y tiempo para procesar y responder. El estímulo y los comentarios positivos pueden motivarlos a seguir desarrollando sus habilidades, y se recomienda buscar ayuda profesional si es necesario. Los entornos estructurados y la tecnología también pueden ser útiles para desarrollar habilidades de comunicación social. Con paciencia y apoyo, puedes ayudar a tu hijo a comunicarse e interactuar de manera más efectiva con los demás.

CÓMO SE COMUNICAN LOS NIÑOS CON AUTISMO

Las habilidades de comunicación son cruciales para todos los niños. Los niños con autismo tienen habilidades de comunicación variables, y algunos pueden tener retrasos en el lenguaje o dificultades para expresarse verbalmente. Es importante brindarles apoyo para que aprendan y practiquen sus habilidades. Pueden comunicarse de manera diferente, incorporando la comunicación no verbal y el comportamiento para expresarse. Trabajar juntos en la comunicación puede mejorar su relación y ayudarles a comunicarse mejor con los demás.

Lenguaje

La ecolalia es un comportamiento de comunicación común observado en niños con autismo, donde repiten palabras o frases escuchadas de otros, videos o programas de televisión. Esta repetición a menudo carece de contexto y puede expresarse en un tono inusual. Además, pueden crear nuevas palabras, repetir la misma palabra varias veces o tener dificultades con los pronombres, como mezclar "yo" y "tú".

Es esencial reconocer que estos comportamientos son un intento de comunicación, aunque pueden ser desafiantes para que otros los interpreten. Los niños autistas pueden aprender el lenguaje repitiendo frases asociadas con estados emocionales o situaciones específicas, y luego deducir sus significados observando sus efectos. Por lo tanto, pueden decir "¿Quieres chocolate?" cuando en realidad quieren chocolate ellos mismos porque asocian la frase con haber recibido chocolate en el pasado (Raising Children Network Australia, 2021).

Comunicación no verbal

Los niños con autismo pueden usar acciones físicas para guiar a una persona o un objeto, como empujar la mano de alguien hacia algo que desean. También pueden indicar lo que quieren o necesitan señalando, mostrando o cambiando su mirada. Además, el uso de objetos puede formar parte de la comunicación no verbal, como entregar un objeto a alguien como forma de comunicación.

Comportamiento

Los niños que son neurodivergentes pueden exhibir comportamientos desafiantes, que a menudo están relacionados con dificultades de comunicación. Estos comportamientos incluyen autolesiones, explosiones emocionales y agresiones hacia otros. Es la forma en que el niño expresa sus necesidades, infelicidad, confusión o miedo.

Como padre, es esencial comprender la perspectiva del niño para interpretar el mensaje que hay detrás de su comportamiento. Trata de analizar la situación e interpretar su comportamiento para abordar sus necesidades de manera precisa.

ESTRATEGIAS DE COMUNICACIÓN

Los problemas en el lenguaje son una característica común del autismo, lo que puede dificultar que los niños se expresen y comprendan lo que otros dicen. Esto puede dar lugar a malentendidos con los adultos, a menudo confundiendo las dificultades del niño con desobediencia. Se puede comparar con estar en un país extranjero donde el idioma es desconocido, haciendo imposible responder a llamadas en ese idioma.

Para apoyar las habilidades de lenguaje y comunicación de tu hijo, se pueden implementar estrategias de comunicación del autismo. Los logopedas son expertos que pueden evaluar el desarrollo del lenguaje, proporcionar orientación en la planificación de intervenciones y recomendar estrategias efectivas. La terapia ABA, que utiliza técnicas de refuerzo positivo, también ha demostrado mejorar las habilidades de comunicación. Hay varios libros sobre el lenguaje visual del ABA que pueden ayudar a los padres

Apoyos visuales

Los apoyos visuales son herramientas que utilizan símbolos, fotos, palabras escritas y objetos para ayudar a los niños con autismo a aprender y comprender el lenguaje, procesar información y comunicarse. Estas señales concretas son muy efectivas, ya que muchos niños en el espectro autista responden bien a la información visual. Les permite volver a consultar la información con el tiempo y aprender a su propio ritmo.

Los libros o tableros de comunicación son un ejemplo común de apoyos visuales que utilizan imágenes y/o palabras en tarjetas para ayudar al individuo a aprender la palabra y su significado. Los niños pueden señalar la imagen, lo que les ayuda a comunicar lo que desean o necesitan. A medida que aprenden más símbolos y palabras, pueden formar oraciones y comunicarse de manera más efectiva.

Otro ejemplo es un horario visual o gráfico, que ayuda a las personas a aprender los pasos de una rutina o tarea, como prepararse para ir a la cama. La serie de imágenes muestra los pasos en orden y, con el tiempo, aprenden cada paso. Los horarios visuales también se pueden utilizar para mostrar cambios en la rutina, lo que ayuda a los niños en el espectro a prepararse para el cambio, lidiar con él más fácilmente y comprender el lenguaje que rodea el cambio.

Acerca del lenguaje

El lenguaje es un sistema complejo que permite a las personas comunicarse y expresar ideas a través de palabras y su disposición, ya sean habladas, escritas o no verbales. Facilita el intercambio de conocimientos, emociones y experiencias entre individuos.

Receptivo

Cuando hablamos de lenguaje receptivo, nos referimos a la capacidad de tu hijo para comprender y entender el lenguaje. Esto incluye comprender instrucciones sencillas, seguir conversaciones y procesar la información que se le presenta.

Expresivo

El lenguaje expresivo de un niño es su capacidad para comunicar sus pensamientos y sentimientos. Esta habilidad les permite expresar sus necesidades y deseos, compartir ideas y conectarse con otros. Las habilidades de lenguaje expresivo se utilizan para articular emociones, opiniones y deseos con claridad y confianza.

Habla

El habla es una forma de comunicación que implica el uso del lenguaje verbal. Es el proceso de transmitir pensamientos, ideas y emociones mediante la producción de sonidos que se forman en palabras. A continuación, estas palabras se organizan y ordenan en frases con sentido para crear un mensaje eficaz.

Métodos no verbales

La comunicación no verbal se refiere al intercambio de información sin utilizar el lenguaje hablado o escrito. Incluye varias formas de comunicación, como el lenguaje corporal, gestos, expresiones faciales, contacto visual, tacto y postura. Estas señales no verbales pueden transmitir emociones, actitudes e intenciones que las palabras no pueden expresar adecuadamente.

Pragmática

La pragmática se refiere a cómo se utiliza el lenguaje en diversas situaciones sociales. Incluye las reglas no escritas de la comunicación, como el intercambio de turnos, la comprensión de significados implícitos y el uso de lenguaje apropiado en un contexto. La capacidad para interpretar y aplicar con precisión las reglas pragmáticas puede marcar una gran diferencia en cómo nos comunicamos y conectamos con otros.

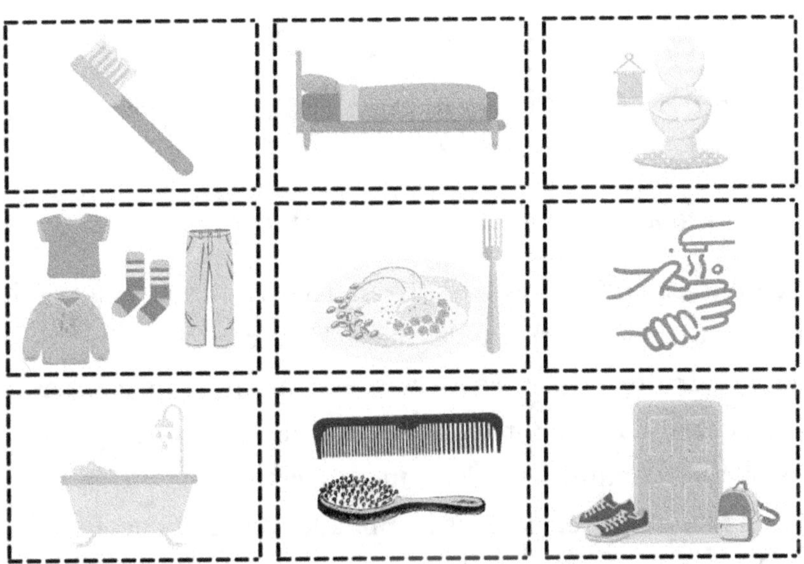

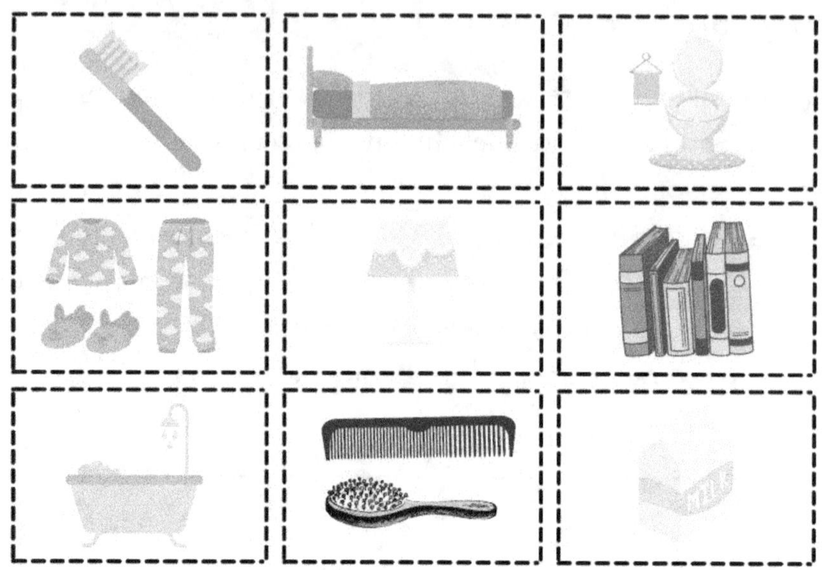

Comunicación Aumentativa y Alternativa (CAA)

La comunicación aumentativa y alternativa (CAA) ayuda a los niños que tienen dificultades para hablar o son difíciles de entender. Incluye todas las formas de comunicación además del habla verbal. La CAA proporciona una alternativa para que las personas se comuniquen de manera efectiva, incluso si tienen dificultades con el habla o las habilidades del lenguaje. El uso de la CAA puede ser especialmente beneficioso para niños con autismo, así como para el desarrollo de habilidades de comunicación verbal. Los dispositivos de CAA se pueden obtener con la ayuda de terapeutas y hospitales infantiles. Algunas personas pueden preocuparse de que el uso de la CAA pueda obstaculizar el desarrollo del habla o evitar que alguien hable por completo, pero la investigación muestra que esto no es cierto (Centro LeafWing, 2021). En realidad, la CAA puede ayudar en el desarrollo del lenguaje y ayudar a las personas a mejorar sus habilidades de lectura y escritura.

Lenguaje de signos

El lenguaje de signos es un método de comunicación que implica señales manuales, expresiones faciales y lenguaje corporal para expresarse. Para las personas con autismo que tienen dificultades con el lenguaje verbal tradicional o con la comprensión y expresión de emociones, el lenguaje de signos puede ser una herramienta de comunicación altamente efectiva. El Lenguaje de Signos Americano (ASL) y el Lenguaje de Signos Británico (BSL) son ejemplos de diferentes lenguajes de signos que tienen su propia gramática y vocabulario únicos. Algunos sistemas simplificados de lenguaje de signos, como el Sistema de Comunicación por Intercambio de Imágenes (PECS) y el Makaton, utilizan imágenes o símbolos para ayudar en la comunicación y han demostrado ser de gran ayuda para los niños con autismo.

Gestos

Los gestos son una forma poderosa para que los niños con autismo se comuniquen cuando tienen dificultades con las palabras o la expresión de emociones. Señalar objetos o imágenes, dar un pulgar arriba o abajo para aprobar o desaprobar, saludar para llamar la atención, aplaudir para expresar emoción o dar por terminada una actividad, abrir y cerrar las manos para decir "sí" o "no", y tocarse el pecho para pedir consuelo o un abrazo son gestos comunes que pueden ser útiles para los niños con autismo. Tocarse las orejas puede indicar que el niño necesita un descanso de la estimulación sensorial.

Imágenes, fotos, objetos y vídeos

Los niños con autismo pueden beneficiarse del uso de imágenes, fotografías, objetos y videos para ayudarles a comprender y expresar sus necesidades e intereses. Estas herramientas pueden ayudarles a aprender conceptos abstractos, como la velocidad, utilizando objetos reales como coches de juguete. Fotos de objetos comunes, como un vaso de agua, pueden ayudar a un niño a comprender el concepto de sed. Los videos también son útiles para enseñar habilidades sociales, expresiones faciales y emociones, siendo los videos de expresiones faciales particularmente útiles para enseñar a los niños a reconocerlas e interpretarlas.

Palabras escritas

Para los niños con autismo que pueden leer o están aprendiendo a leer, las palabras escritas pueden ser una herramienta efectiva para la comunicación y el aprendizaje. Se pueden crear horarios visuales utilizando palabras escritas para describir su rutina diaria y actividades próximas, proporcionando estructura y previsibilidad. Las historias sociales, que son descripciones escritas de situaciones sociales, pueden guiar comportamientos apropiados y personalizarse para abordar luchas específicas. Los libros de comunicación con palabras escritas, imágenes o símbolos pueden ayudar a expresar necesidades y preferencias. Las instrucciones escritas, como una receta, también pueden utilizarse para brindar orientación para completar tareas.

Ordenadores, tablets y otros dispositivos

Los dispositivos electrónicos, como ordenadores y tablets, pueden ayudar en la comunicación de los niños con autismo. Los dispositivos generadores de voz pueden ayudar a desarrollar patrones de habla y visuales, mientras que aplicaciones y juegos educativos personalizados pueden centrarse en áreas específicas de dificultad. Otras herramientas electrónicas, como auriculares con cancelación de ruido y mantas con peso, pueden regular la entrada sensorial y ayudar a reducir la sobrecarga sensorial.

Pautas para niños con autismo que no se comunican verbalmente

Los niños con autismo tienen la capacidad de comunicarse a su propia manera única, y es crucial fomentar la interacción social para ayudarles a desarrollar habilidades lingüísticas. Jugar a juegos que le gusten a tu hijo puede ser una forma divertida de promover la interacción social. Cantar, recitar rimas y juegos de lucha suave también pueden ser beneficiosos.

Cuando te comuniques con tu hijo, acércate a él agachándote para que tu voz y rostro estén más cerca, aumentando las oportunidades de contacto visual.

Imitar los sonidos y comportamientos de juego de tu hijo puede fomentar una mayor interacción, vocalización y promover el intercambio de turnos. Sin embargo, es importante imitar sólo los comportamientos positivos, no los negativos. Centrarse en la comunicación no verbal, como los gestos y el contacto visual, también es esencial. Responde a los gestos de tu hijo y entrégale el juguete que está señalando o con el que está jugando.

Permite que tu hijo hable y se exprese sin interrumpir. El uso de frases cortas y literales puede ayudarles a aprender y comprender un nuevo vocabulario. Sigue sus intereses y entabla una conversación sobre lo que están haciendo. El uso de tecnologías de asistencia y apoyos visuales, como dispositivos y aplicaciones con imágenes que tu hijo pueda tocar para producir palabras, también puede ayudar en el desarrollo del lenguaje. Además, pueden usar imágenes para expresar sus pensamientos y solicitudes a ti u otros.

BARRERAS EN LA COMUNICACIÓN

El TEA no tiene cura, pero el tratamiento puede ayudar a los niños en el espectro a aprender a comunicarse, y la intervención temprana marca una gran diferencia. El proceso de comunicación con niños con autismo no siempre es sencillo, y no existen reglas que garanticen el éxito. Sin embargo, los facultativos médicos y los expertos en salud mental han obtenido valiosos conocimientos sobre cómo conectarse mejor con los niños que tienen TEA. Es posible superar barreras y permitir que las personas alcancen su máximo potencial con el enfoque adecuado.

Los 11 consejos de comunicación e interacción para el TEA

Interactuar con un niño que tiene TEA puede ser un reto, pero también puede ser gratificante.

Estos son algunos consejos de comunicación e interacción para el TEA del Centro Médico de la Universidad de Rochester (2019):

1. Es importante ser paciente, ya que a los niños con TEA les lleva más tiempo procesar la información. Es posible que necesites ralentizar tu conversación para que coincida con su ritmo. Las pausas largas también pueden ser útiles.

2. Ayuda a tu hijo a aprender a comunicar su enfado de una manera constructiva que no sea excesivamente agresiva. Es importante que comprendan que es aceptable expresar su frustración en lugar de guardarla dentro.

3. A veces, los niños con TEA tienen dificultades para mostrar y controlar sus emociones. Sé persistente pero resiliente. Pueden responder de manera brusca, así que trata de no tomar sus palabras de manera personal.

4. Los niños que tienen autismo tienden a responder mejor al refuerzo positivo. Es importante reconocer y recompensar frecuentemente el buen comportamiento para ayudar a establecer y mantener hábitos positivos.

5. Ignora el comportamiento de búsqueda de atención que podría irritarte. Es más beneficioso evitarlo en última instancia ignorándolo en lugar de reaccionar. Además, discute y recompensa el buen comportamiento con la mayor frecuencia posible.

6. Interactúa con tu hijo a través de la actividad física, ya que tienden a tener periodos de atención cortos. Correr y jugar al aire libre puede ser más atractivo y relajante.

7. La mayoría de los niños con autismo necesitan afecto, pero algunos pueden no querer que los toquen. Respeta su espacio personal y nunca los fuerces al contacto

físico. Sé cariñoso pero respeta sus preferencias y límites.

8. Los niños neurodivergentes pueden tener dificultades para comunicar sus emociones, pero es importante que sientan tu amor y apoyo. Asegúrate de mostrar tu afecto y mostrar interés en sus vidas de manera regular.

9. Tu hijo posee habilidades excepcionales y un nuevo punto de vista que puede mostrarte diferentes enfoques para percibir el mundo. Aprovecha la oportunidad para aprender de ellos.

10. No pasa nada por tomarse un respiro y buscar apoyo en grupos de apoyo para padres o familiares y amigos. No olvides cuidar de ti mismo. Los psicólogos y orientadores escolares también pueden ofrecer recursos útiles.

11. Es importante recordar que un niño con autismo es, ante todo, como cualquier otro niño. Aunque pueden tener desafíos únicos, es importante creer en su potencial y no limitarlo en función de su diagnóstico. Mantén una mente abierta y busca oportunidades de crecimiento y desarrollo.

Habilidades de escucha

Los niños con autismo a menudo tienen dificultades para concentrarse en las palabras y el significado de los demás. Pueden distraerse con sonidos externos o cosas más interesantes en el entorno que los rodea. Además, la persona que está hablando puede tener dificultades para captar y mantener la atención del niño con autismo, ya que podrían estar compitiendo con los pensamientos internos del niño. Esto puede ser un desafío significativo para las personas con autismo, ya que puede afectar su capacidad para formar y mantener relaciones y participar plenamente en interacciones sociales.

Aquí tienes algunos consejos para mejorar las habilidades de escucha en niños que tienen TEA. En primer lugar, para hacer que un mensaje sea más atractivo, puede ser útil hacerlo interactivo. Esto se puede lograr pidiendo al niño que siga físicamente las instrucciones y agregando un elemento rítmico al mensaje. La repetición también es importante, tanto en términos de repetir si el niño no presta atención como de hacer que repita las palabras para confirmar la comprensión.

Otra forma eficaz de mejorar la comunicación con los niños neurodivergentes es dividir las instrucciones en pequeños pasos. Tomar pausas frecuentes y asegurarse de que el niño comprenda completamente cada paso antes de pasar al siguiente puede ayudar. También puede ser útil variar el entorno en el que practicas las habilidades de comunicación, como pausar un programa de televisión y pedir al niño que recuerde el orden de los eventos que acaban de ver.

Otro factor a considerar es la dieta del niño. A veces, cambiar su dieta para incluir alimentos sensoriales saludables adaptados a sus preferencias, como alimentos crujientes, suaves, líquidos o blandos, puede mejorar las habilidades de escucha. Finalmente, puede ser útil establecer una rutina de ejercicio regular para ayudar a los niños con exceso de energía a controlar sus impulsos y facilitarles sentarse quietos y escuchar cuando sea necesario.

COMUNICARSE CON UN NIÑO QUE TIENE SÍNDROME DE ASPERGER

Los niños con trastorno del espectro autista tienen formas únicas de comunicarse, ya que no hay dos individuos con autismo iguales. Algunos niños pueden usar el lenguaje hablado, mientras que otros pueden ser no verbales y no pueden hablar. Algunos niños pueden usar ruidos, expresiones faciales o lenguaje Makaton. Algunos pueden usar dispositivos de comunicación o sistemas de intercambio de imágenes (PECs, por sus siglas en inglés). Algunos niños pueden comunicarse a través de su comportamiento. Es importante tener en cuenta que todas las formas de comunicación son significativas, y debes centrarte en los métodos que funcionen mejor para el individuo para facilitar una comunicación efectiva. Algunos de los enfoques más efectivos para niños con síndrome de Asperger son un enfoque de habla mínima utilizando oraciones cortas y simples, dispositivos de comunicación y comunicación aumentativa y alternativa (CAA), historias sociales y terapia del habla y el lenguaje (SpecialKids.Company, 2021).

Sé paciente y amable al comunicarte con un niño con síndrome de Asperger. Es probable que necesiten más tiempo para procesar la información que les estás compartiendo y también pueden experimentar problemas sensoriales que hacen que la comunicación sea más desafiante. Fomenta una comunicación positiva ofreciendo elogios y refuerzo positivo, y considera el uso de otros tipos de recompensas. Además, prepárate para ser flexible en tu enfoque, ya que los niños con síndrome de Asperger a menudo luchan con el cambio y la adaptación a nuevas situaciones. Encontrar métodos efectivos de comunicación puede requerir ensayo y error, así que mantén una mente abierta y prueba diferentes estrategias hasta que encuentres lo que funcione mejor para ti y tu hijo.

El gran logro de Danielle

Me complace compartir una conmovedora historia sobre una niña con síndrome de Asperger y cómo la tecnología le ayudó a comunicarse mejor. Esta historia llegó a mí a través de la creación de redes con los cuidadores y es un gran ejemplo de cómo la tecnología puede tener un impacto positivo en la vida de las personas en el espectro.

Danielle tenía dificultades para comunicarse de manera tradicional y a menudo se frustraba cuando no podía expresarse como deseaba. Empezó a golpear a otros niños cuando interactuaban debido a su frustración. La escuela se convirtió en un problema y ninguno de sus profesores sabía cómo manejar la situación. Como padres, dejamos de participar en eventos sociales debido a estos episodios de crisis de Danielle. Consultamos a muchos psiquiatras y otros especialistas, pero nadie tenía un diagnóstico ni un plan para ayudar. Finalmente, cuando tenía ocho años, Danielle fue diagnosticada con síndrome de Asperger. Vimos su diagnóstico como una bendición porque nos brindó las herramientas para entender lo que estaba sucediendo y el apoyo que necesitábamos. Cuando se le presentó una tablet con aplicaciones de comunicación, el mundo de Danielle cambió drásticamente. Con la ayuda de estas aplicaciones, finalmente pudo comunicar sus pensamientos y sentimientos. Su tablet también le dio a Danielle un mayor sentido de independencia y control en sus interacciones con otros. Ya no tenía que depender de alguien más para interpretar sus palabras o gestos, y esto realmente ayudó a aumentar su confianza y autoestima.

En general, esta historia es un testimonio del poder de la tecnología para ayudar a quienes tienen autismo a vivir vidas más plenas. Al proporcionar herramientas nuevas e innovadoras, podemos empoderar a personas de todas las habilidades para expresarse y conectarse con otros de formas que antes eran imposibles. También es un recordatorio de que un diagnóstico no es algo malo, puede ayudarte a ver el panorama completo y brindar a tu hijo las herramientas que necesita para tener éxito.

PUNTOS CLAVE Y CONCLUSIONES

En esta sección se ha profundizado en las estrategias de comunicación para niños con autismo, que se vinculan con el segundo pilar, cuyo objetivo es mejorar su potencial inherente y fomentar el desarrollo del carácter. Es esencial recordar que cada niño es único, y el enfoque adecuado puede implicar probar diferentes técnicas. Elogiar la comunicación efectiva y permitir un tiempo suficiente para el procesamiento son aspectos cruciales. Es importante recordar que el comportamiento también es una forma de comunicación.

Diversos métodos, como gestos, ayudas visuales y tecnología de apoyo, pueden facilitar la interacción con tu hijo y ayudarlos a comunicarse con otros. En el próximo capítulo, exploraremos los pilares uno y tres, que juntos constituyen un enfoque integral para abordar desafíos específicos. Aunque juntos conforman un enfoque de cinco pilares, es importante destacar que no son pasos secuenciales, sino más bien un marco para abordar problemas particulares. El pilar uno proporciona conocimientos sobre cómo entender a tu hijo con TEA y cómo implementar eficazmente las estrategias descritas en este libro. El pilar tres se centrará en métodos para gestionar el comportamiento de tu hijo, incluidos aquellos relacionados con problemas sensoriales y comportamientos repetitivos o agresivos. Comenzaremos discutiendo por qué pueden surgir estos comportamientos y luego delinearemos formas de abordarlos de manera colaborativa.

4

MANEJANDO SU COMPORTAMIENTO OBSESIVO Y REPETITIVO

No pienses que detrás del autismo se "esconde" un niño diferente y mejor. Éste es tu hijo. Ama al niño que tienes frente a ti. Fomenta sus puntos fuertes, celebra sus peculiaridades y mejora sus debilidades, de la misma manera que lo harías con cualquier niño.

— CLAIRE LAZEBNIK

DEL PORQUÉ AL CÓMO

En este capítulo, discutiremos las razones detrás del desarrollo de las obsesiones y comportamientos repetitivos en niños con TEA y cómo manejarlos de manera efectiva. Este tema se relaciona con el pilar uno y el pilar tres del enfoque de los cinco pilares. Comprender por qué ocurren estos comportamientos es necesario antes de idear un plan para abordarlos. Los comportamientos repetitivos y las obsesiones son comunes en los niños en el espectro y pueden servir como una fuente de consuelo en un mundo que puede resultar abrumador para ellos. Estos comportamientos también pueden ser funcionales y servir a un propósito. Sin embargo, pueden interferir con la vida diaria del niño y causar angustia tanto a ellos mismos como a quienes los rodean. Desarrollar estrategias efectivas para manejar estos comportamientos es posible. Juntos, exploraremos diversos enfoques como intervenciones conductuales, terapias alternativas y medicamentos. Al implementar estas estrategias, los padres y otros cuidadores pueden ayudar a que los niños con autismo prosperen y mejoren su calidad de vida.

LA PRESENCIA DE COMPORTAMIENTOS REPETITIVOS E INTERESES RESTRINGIDOS

Las personas con TEA a menudo desarrollan intereses intensos que pueden variar ampliamente, desde programas de televisión cotidianos hasta temas técnicos o académicos más especializados como ordenadores, trenes, ciencia o eventos históricos (Servicios de Autismo de la Región de Durham, 2023a). Estos intereses pueden parecer inusuales, centrándose en detalles específicos como números, formas o patrones, pero pueden proporcionar estructura, orden y previsibilidad para aquellos con TEA. Además, estos intereses pueden servir como una base para la interacción social.

Es importante evitar etiquetar estos intereses como poco saludables y, en cambio, fomentar la exploración mientras se observa en busca de signos de angustia o comportamiento obsesivo. Comportamientos repetitivos como aleteo de manos, golpear con los dedos, balanceo o saltos pueden parecer preocupantes, pero desempeñan un papel terapéutico para las personas con TEA que pueden experimentar distorsiones sensoriales y necesitar este tipo de estimulación o distracción.

Rutinas y resistencia

Las personas con autismo suelen tener dificultades para enfrentarse a las complejidades del mundo que les rodea debido a sus dificultades para interactuar socialmente y a la sobrecarga sensorial. Para hacer frente a esta situación, suelen confiar en rutinas fijas, rutas específicas y rituales para desenvolverse en la vida diaria. Estas rutinas les proporcionan una sensación de previsibilidad y estructura que puede ayudarles a controlar la ansiedad y la confusión. Por ello, las personas con autismo tienden a desarrollar un fuerte apego a las rutinas y a la uniformidad.

Sin embargo, el grado de apego puede variar e incluso pequeños cambios pueden causar un malestar significativo. Por lo tanto, es esencial informarles de los cambios que se avecinan o proporcionarles horarios que les ayuden a adaptarse a las alteraciones. En épocas de mayor estrés, como las vacaciones, su dependencia de las rutinas puede intensificarse. Aunque es importante permitir esta dependencia de las rutinas, debe vigilarse para asegurarse de que no se convierta en algo insano, similar a un comportamiento obsesivo.

Obsesiones

Los niños y adolescentes con TEA tienden a tener intereses más intensos y enfocados que los niños neurotípicos. Estos intereses pueden incluir coleccionar sellos o pelotas, querer saber el cumpleaños de todas las personas que conocen o abrir y cerrar puertas repetidamente (Families for Life, 2021). Los niños mayores pueden tener intereses limitados en un tema específico, como los trenes, y querer aprenderlo todo sobre ello. Algunos niños cambian de intereses con frecuencia, mientras que otros pueden mantener el mismo interés desde la primera infancia hasta la adolescencia y la edad adulta.

Rituales

Algunos niños neurodivergentes pueden participar en comportamientos ritualistas. Por ejemplo, tu hijo puede guardar un objeto querido en una ubicación específica, como la esquina izquierda de un estante en su dormitorio. Puede necesitar sacarlo y tocarlo antes de acostarse. Alternativamente, pueden limitarse a comer en un plato específico o hacer las mismas preguntas y siempre requerir una respuesta específica.

Rutinas

Los niños con autismo a menudo se apoyan en rutinas. Pueden preferir comer, dormir o salir de casa siguiendo una secuencia específica cada vez (Families for Life, 2021). Una rutina de hora de dormir consistente, por ejemplo, puede ayudar a tu hijo a dormir mejor. Alterar la rutina puede causar dificultades en algunos casos. Algunos niños pueden sentirse molestos si se cambia su ruta habitual a casa o si tienen que desviarse de un orden específico al vestirse cada mañana.

¿Cómo ayudan?

Los niños con trastorno del espectro autista a menudo tienen comportamientos repetitivos y hablan de sus intereses específicos. Aunque a otras personas esto les pueda parecer inusual, para un niño con TEA puede ser una fuente de diversión y consuelo. Los comportamientos repetitivos también pueden servir para que los niños con habilidades limitadas para el juego se entretengan.

Además, las rutinas, los rituales y los comportamientos repetitivos pueden servir como mecanismos de afrontamiento que ayudan a regular el estrés y la ansiedad. Proporcionan una sensación de control sobre un entorno impredecible, al tiempo que ofrecen una forma de regular las emociones.

Los comportamientos repetitivos también pueden servir para regular los estímulos sensoriales. Por ejemplo, los niños pueden adoptar conductas de autorregulación como mecerse para estimular sus sentidos y aumentar la entrada sensorial, lo que les ayuda a relajarse y sentirse cómodos (Healis Autism Centre, 2022).

Los comportamientos repetitivos también pueden ser una forma de autoexpresión para los niños con TEA. Por ejemplo, agitar las manos puede ser una forma de expresar su excitación o frustración cuando no tienen palabras para hacerlo.

En resumen, los comportamientos repetitivos tienen varias finalidades para las personas con autismo y pueden ser importantes para el bienestar emocional y conductual.

Correcciones

Para los niños con autismo, los comportamientos repetitivos pueden ser útiles, por lo que intentar detenerlos por completo puede no ser eficaz. En su lugar, encontrar un equilibrio entre la aceptación y el cambio puede ser más eficaz. Sin embargo, si los comportamientos dificultan el aprendizaje o la socialización, puede ser necesario intervenir. Es importante comprender las causas y encontrar formas alternativas de satisfacer las necesidades. Por ejemplo, puede ser útil tratar los problemas sensoriales o encontrar estrategias alternativas para calmar al niño. También puede ser útil modelar conductas de juego adecuadas o utilizar técnicas conductuales. También puede ser útil fomentar la socialización con otras personas que compartan intereses similares.

MANEJO DEL COMPORTAMIENTO

Comprender

Para los niños con autismo, las obsesiones, los comportamientos repetitivos y las rutinas suelen ser importantes y significativos, ya que les ayudan a gestionar su ansiedad y a establecer cierta sensación de control sobre un mundo que puede ser confuso y caótico. En algunos casos, este comportamiento puede ayudar a las personas con problemas sensoriales. Para determinar la causa del comportamiento y su finalidad, es importante examinarlo detenidamente. Por ejemplo, si la persona con autismo tiene dificultades para desenvolverse en un entorno específico, como un aula, puede deberse a la iluminación. Apagar las luces fluorescentes y recurrir a la luz natural podría ser una solución.

Modificar

Para mejorar la independencia y reducir los riesgos potenciales durante los episodios de comportamiento, puede merecer la pena plantearse cambios estructurales en la casa o el jardín. Al alterar el entorno, puede mitigar ciertos desencadenantes que pueden provocar arrebatos. Los cambios no tienen por qué ser exhaustivos, pero deben adaptarse a su situación específica. Además, crear un espacio tranquilo y organizado con zonas designadas para actividades puede calmar la ansiedad y promover la relajación.

Estructura

Para ayudar a un niño con TEA a afrontar los cambios y reducir su dependencia de las conductas repetitivas, es útil aumentar la estructura. Al reducir las situaciones no estructuradas, como los acontecimientos sociales, el niño puede experimentar menos ansiedad y sentirse más cómodo. A medida que el niño crezca, vaya relajando las rutinas y adaptándolas a la evolución de sus necesidades. También es importante elogiar al niño cada vez que se adapte bien al cambio, lo que puede ayudar a reforzar su confianza y fomentar un comportamiento positivo. Con un enfoque coherente y de apoyo, los niños con TEA pueden aprender a navegar por los cambios con más facilidad y flexibilidad.

Intervención temprana

Los comportamientos repetitivos, las obsesiones y las rutinas pueden ser difíciles de modificar si persisten durante mucho tiempo. Por eso es crucial abordar cualquier comportamiento problemático desde una edad temprana estableciendo límites, ya que los comportamientos que son aceptables en los niños pequeños pueden no serlo en niños mayores y adultos. Deberías vigilar el comportamiento de tu hijo a medida que crezca y estar atento a cualquier comportamiento nuevo que pueda surgir. Al establecer límites desde temprana edad, puedes ayudar a tu hijo a desarrollar comportamientos saludables que le servirán a lo largo de su vida.

Límites

Cuando sea necesario, establece límites claros y consistentes, como limitar el acceso a un objeto, establecer un límite de tiempo para discutir un tema o restringir ciertos comportamientos a ubicaciones específicas. Para promover un cambio de comportamiento exitoso y minimizar la angustia, es mejor comenzar con pequeños pasos graduales, aumentando los límites de tiempo e introduciendo más restricciones lentamente con el tiempo.

Colabora con tu hijo para establecer un objetivo realista y desarrollar un plan para lograr ese objetivo en un período de tiempo definido. Centrarse en objetivos pequeños y alcanzables puede ayudar a construir la confianza y reforzar el éxito (Sociedad Nacional del Autismo, 2020a).

Analiza la causa raíz del comportamiento en cuestión. Puede ser necesario trabajar en reducir el tiempo dedicado a ello si el niño no puede detener por completo el comportamiento. Si el problema es que continúan participando en el comportamiento durante todo el día, incluso al intentar concentrarse en otras tareas, puede ser necesario trabajar en la reducción de la frecuencia. Si el problema es una combinación de ambos, comienza abordando un aspecto para aumentar las posibilidades de éxito y minimizar la ansiedad.

Ejemplo

Semana 1: Establecer el plan y el objetivo juntos y crear un apoyo visual para explicar el cambio de comportamiento.

Semana 2: Se permite al niño hablar de su tema favorito durante 20 minutos cada hora.

Semana 3: El niño puede hablar de su tema favorito durante 15 minutos cada hora.

Semana 4: El niño puede hablar de su programa de televisión favorito durante 15 minutos cada dos horas.

Alternativas

Considera sugerir diferentes actividades para que la persona participe si ya ha hablado con la familia sobre sus intereses del día. Esto podría incluir grabar sus pensamientos en su teléfono o anotarlos en un cuaderno. Incluso si la familia no está participando activamente, los pensamientos de la persona aún se están expresando, lo que podría ayudar a reducir su ansiedad. Puedes utilizar ayudas visuales para explicar estas diversas opciones.

También puede merecer la pena explorar nuevas formas de que la persona pueda conectarse con sus intereses, como unirse a un club o grupo, o realizar estudios o trabajos relacionados. Si el interés está relacionado con necesidades sensoriales, ofrécele actividades alternativas que cumplan el mismo propósito.

Repetición de frases verbales

Niños, adolescentes y adultos pueden repetir frases por diversos motivos. Estas razones pueden incluir el deseo de reducir la ansiedad o la búsqueda de atención. Es esencial entender que a veces estas razones pueden superponerse. Para abordar este comportamiento, pueden ser útiles estrategias como la aplicación de horarios visuales para reducir la ansiedad o interrumpir y redirigir con preguntas estructuradas (Instituto Watson, 2023).

Horarios visuales

Un horario visual que utiliza imágenes, palabras o objetos para secuenciar eventos o actividades proporciona una sensación de estructura y rutina, lo cual puede ser especialmente útil para niños con autismo con ciertos desafíos de comportamiento, como las repeticiones de frases verbales. Pueden anticipar mejor lo que sucederá a continuación y cuándo terminarán las actividades, lo que puede prevenir el estrés y la ansiedad, y reducir la probabilidad de comportamientos desafiantes. El uso de un horario visual también puede promover la independencia, mejorar la comunicación y fomentar interacciones positivas entre los niños, sus cuidadores y su entorno.

Interrupción y redirección

Para alejar al niño de los comportamientos estereotipados, pueden emplearse técnicas de interrupción y reorientación. En lugar de bloquear física o verbalmente al niño, se puede hacer una pregunta estructurada de elección verbal, como "¿Te gustaría ______ o ______?" (Instituto Watson, 2023). Este enfoque proporciona una sensación de control al niño y le ofrece opciones alternativas, evitando o redirigiendo los comportamientos problemáticos. La atención se brinda solo cuando se muestran comportamientos de reemplazo apropiados, en lugar de durante el comportamiento repetitivo. Este método es eficaz para prevenir o reducir los comportamientos perturbadores.

RESPONDIENDO A LOS DEMÁS

Los padres de niños con autismo se encuentran a menudo en situaciones incómodas cuando se encuentran con desconocidos. A pesar del aumento de la conciencia sobre el autismo, las personas extrañas todavía pueden ser insensibles, groseras o desinformadas. Esto puede ser aún más estresante para los padres de niños con autismo que sienten una fuerte necesidad de defender y proteger a su hijo. Estos encuentros con extraños pueden ser confusos y perjudiciales tanto para los padres como para los niños, causando angustia psicológica (Ryan, 2010). Dado que no es inmediatamente evidente si un niño se está portando mal o está mostrando comportamientos relacionados con el autismo, los comentarios negativos hacia los niños con autismo son comunes debido a la falta de comprensión pública sobre los síntomas del autismo (Gray, 2002).

LAS 5 PREGUNTAS CLAVE

Evaluar la situación antes de decidir cómo responder a un comentario grosero o inapropiado de un desconocido es importante. Un enfoque útil, propuesto por Stages Learning, es utilizar el método de las 5 preguntas clave y responder a cinco preguntas sobre la situación: Qué, Quién, Dónde, Cuándo y Por qué (2022). Puedes tomar una decisión más informada al identificar el núcleo del comentario y quién lo está haciendo. La persona puede haber tenido experiencia personal con el autismo que haya influido en su actitud, o simplemente puede carecer de conocimiento al respecto. Intenta mantener la calma y la racionalidad, y decide si es mejor ignorar su comentario grosero o aprovechar la oportunidad para educar e informar a la persona. En última instancia, deseas actuar en el mejor interés de tu hijo.

Qué

En primer lugar, evalúa exactamente qué acción o comportamiento te está comunicando la persona desconocida. Cuando los niños son estigmatizados públicamente, los padres a menudo se sienten heridos por acciones como miradas fijas, susurros o preguntas directas sobre su hijo con un tono desaprobatorio (Gray, 2013). La evitación social, las miradas inapropiadas y los comentarios groseros son los comportamientos más frecuentemente mencionados como hirientes (Gray, 2002). Trata de identificar y reconocer el comportamiento específico que muestra la otra persona.

Quién

Dedica un momento a evaluar a la persona con la que estás hablando. Determina si son adultos o niños y si están abiertos a reconsiderar sus puntos de vista y escuchar tu respuesta. Considera su estado emocional y cómo puede influir en su comportamiento. Utiliza tu juicio para ser reflexivo y tranquilo, al mismo tiempo que priorizas las necesidades de tu hijo. Comprender mejor a tu interlocutor conducirá a interacciones más exitosas.

Cuándo

¿Estás apurado para una cita o dando un paseo en una tarde de fin de semana? Es importante considerar tus prioridades en ese momento. ¿Es el momento adecuado para interactuar con la persona desconocida y abordar sus comentarios? Estos son factores a tener en cuenta antes de decidir tu respuesta.

Dónde

Ten en cuenta tu entorno físico en la situación que se está desarrollando. ¿Estás en un autobús lleno de gente o en la playa junto al mar? Observa quién está cerca, como una red de caras conocidas o desconocidos poco amigables. Considera si hay otros padres cerca o si tienes testigos del encuentro. Determina si la persona a la que te estás enfrentando todavía te está mirando o si puedes llevarla de nuevo a una conversación inteligente.

Por qué

Considera las motivaciones e intenciones de la persona. ¿Por qué está diciendo o haciendo lo que está haciendo? ¿Está siendo grosero o ignorante a propósito? ¿Está haciendo acusaciones o sintiéndose con derecho a obtener información? Querrás intentar comprender sus creencias y prejuicios subyacentes; esto puede ayudarte a navegar mejor la conversación y encontrar puntos en común.

La persona con la que estás hablando puede que nunca haya conocido a alguien con autismo y no sea consciente de cómo sus palabras pueden afectar a otros. O puede sentirse con derecho a comentar sobre el comportamiento de tu hijo sin tener en cuenta tus sentimientos. Puede provenir de un país donde las personas con autismo son tratadas de manera diferente, o puede tener experiencias personales que han influido en sus opiniones de manera inaceptable.

Al comprender sus motivaciones y puntos de vista, puedes navegar mejor la conversación y responder con empatía y educación. Es importante defender a tu hijo y educar a otros sobre el autismo, manteniendo al mismo tiempo el respeto hacia los demás.

WISE

Una herramienta que se puede utilizar para manejar comentarios insensibles es "¡W.I.S.E. Up!", creada originalmente para niños adoptados y sus familias. Enseña a los padres y a los niños cómo responder a preguntas incómodas y respuestas insensibles utilizando cuatro enfoques: Alejarse, ignorar o cambiar de tema, compartir lo que te sientas cómodo compartiendo y educar (Singer, 2010). En algunas situaciones, puedes elegir compartir información sobre el autismo y el comportamiento de tu hijo o utilizarlo como una oportunidad para educar a la persona que hizo el comentario. Alejarse o ignorar el comentario también son opciones. Como embajador, puedes tomar el control del diálogo y potencialmente influir en las creencias de la persona.

Investigación de fondo

La investigación de Gray (2002) indica que los padres de niños con autismo a menudo perciben que la sociedad ve a sus hijos como poco inteligentes, indisciplinados y groseros. Estudios adicionales han destacado las dificultades que enfrentan las familias al llevar a sus hijos con autismo a lugares públicos y cómo utilizan la regulación emocional para ocultar su malestar (Ryan, 2010). En un estudio de Broady, Stoyles y Morse (2015), se identificaron cuatro áreas de experiencias de estigmatización para las familias con niños con autismo: falta de conocimiento, juicio, rechazo y falta de apoyo. Estas experiencias se encontraron en varios contextos, y las personas que experimentaron estigmatización en un entorno a menudo la enfrentaron en otros. Por lo tanto, se necesita más apoyo para ayudar a los padres a desarrollar estrategias efectivas para hacer frente a la discriminación en diferentes situaciones.

PUNTOS CLAVE Y CONCLUSIONES

Este capítulo se ha centrado en la gestión del comportamiento de los niños con autismo mediante la comprensión de las razones que subyacen a sus rasgos repetitivos y obsesivos. Las obsesiones y rutinas proporcionan orden y pueden regular la entrada sensorial, por lo que son beneficiosas para el niño. Es importante encontrar un equilibrio entre la aceptación y la modificación de estos comportamientos.

Una vez que comprendas por qué tu hijo actúa de una manera particular, puedes desarrollar estrategias de manera colaborativa para gestionar sus obsesiones y rutinas. Estas medidas pueden incluir intervenciones, ajustes o alternativas. El capítulo también describe cómo lidiar con personas desconocidas que estigmatizan a tu hijo debido a su comportamiento. Dependiendo de la situación, puedes optar por educar y abordar su respuesta o simplemente ignorarla y alejarte.

Este capítulo está estrechamente relacionado con los pilares uno y tres del enfoque de los cinco pilares, ya que su contenido abarca las razones detrás del comportamiento de tu hijo (pilar uno) y las formas de gestionarlo (pilar tres). Aunque en este capítulo se han tratado las obsesiones y las rutinas, en el siguiente se profundizará en el comportamiento agresivo, que también está relacionado con los pilares uno y tres.

Tomémonos un respiro...

*A veces, todo lo que un padre necesita saber [es que] lo impo-
sible es realmente posible. La esperanza es de gran ayuda
cuando se trata del autismo.*

— LIZ BECKER

Estás asimilando mucha información, así que vamos a
tomarnos un respiro para recordarte que no estás solo.

Como hemos comentado en la introducción, el TEA suele estar
oculto y no siempre somos conscientes del número de personas
a las que afecta. Lo mismo ocurre con los padres: es fácil pensar
que formamos parte de un grupo muy reducido de personas
que crían a niños con autismo... Pero la Organización Mundial
de la Salud calcula que uno de cada cien niños lo tiene.

Incluso si conoces a otros padres en una situación similar, es
fácil sentirse aislado y como si los demás padres no compren-
dieran las dificultades que estás atravesando... pero hay más
personas como tú de lo que probablemente te das cuenta... y
estás en una posición única para mostrarles que no están solos.

Al dejar una reseña de este libro en Amazon, le mostrarás a
otros padres dónde pueden encontrar la orientación que
buscan, y les harás saber que no están solos en el proceso.

Simplemente haciendo saber a otros lectores cómo te ha
ayudado este libro y lo que encontrarán en su interior, les

guiarás en la dirección del apoyo que están buscando y les recordarás que hay otros padres en la misma situación.

Muchas gracias por tu apoyo. Sé que comprendes lo aislante que puede resultar este viaje, y te agradezco que te unas a mí en mi misión de proporcionar este apoyo a tantos padres como pueda.

Escanee este código QR para dejar su reseña.

5

CONTROLAR EL COMPORTAMIENTO AGRESIVO

Los niños que se oponen o se comportan de forma agresiva y enfadada a menudo no pueden explicar cómo se sienten. Están abrumados, pero la única emoción que saben comunicar es la ira.

— TRICIA GOYER

EL PRIMER PASO ES COMPRENDER

Os niños autistas no sólo tienen dificultades de comunicación social, intereses restringidos y problemas de procesamiento sensorial, sino que también presentan otros comportamientos relacionados con el autismo, como la ira.

otros comportamientos relacionados con el autismo, como la agresividad.

El comportamiento agresivo en el autismo puede adoptar diversas formas, como rabietas graves, ira, hostilidad, autolesiones y comportamiento destructivo, que afectan al funcionamiento diario y a la calidad de vida de las personas con autismo y de sus cuidadores. Hasta un 20% de los individuos con autismo muestran este tipo de comportamientos violentos (Thinking Autism, 2021). Este capítulo tiene como objetivo proporcionar a los padres y cuidadores de niños con autismo información sobre las causas del comportamiento agresivo y estrategias eficaces para manejarlo, basándose en los Pilares Uno y Tres del marco de los Cinco Pilares. El Primer Pilar ayuda a los cuidadores a comprender las causas subyacentes del comportamiento de su hijo con TEA, mientras que el Tercer Pilar proporciona estrategias prácticas para manejar el comportamiento de su hijo, incluyendo el refuerzo positivo, ayudas visuales e intervenciones sensoriales. El capítulo explora las razones subyacentes del comportamiento agresivo en los niños con autismo, y las estrategias tienen como objetivo prevenir los estallidos agresivos, reducir las situaciones intensas y promover comportamientos positivos en sus hijos, capacitando a los cuidadores para ayudar a sus hijos con autismo a prosperar y vivir una vida plena.

ENTENDER LA AGRESIVIDAD

Los niveles bajos de glucosa se han relacionado con el comportamiento agresivo en individuos con autismo, ya que las áreas cerebrales responsables de controlar el comportamiento negativo dependen en gran medida de la glucosa (Gailliot y Baumeister, 2007). El autocontrol requiere mucha energía, gran parte de la cual procede de la glucosa, y unos niveles insuficientes pueden reducir el autocontrol y provocar un comportamiento impulsivo (Thinking Autism, 20). impulsivo (Thinking Autism, 2021). Otros factores que contribuyen al comportamiento agresivo en el autismo son el dolor físico, las alteraciones sensoriales y el rechazo social. Para controlar el comportamiento agresivo, los cuidadores deben abordar las causas subyacentes, incluido el posible papel de los niveles bajos de glucosa.

Factores de riesgo

El estudio de Kanne y Mazurek (2010) examinó si los mismos factores de riesgo para la agresión en niños neurotípicos se aplican a aquellos con autismo. El estudio descubrió que el sexo masculino, la menor educación de los padres, el menor coeficiente intelectual y la menor capacidad de lenguaje o comunicación no estaban asociados con el riesgo de comportamiento agresivo en niños autistas. En cambio, la edad más temprana, las dificultades sociales graves, los comportamientos repetitivos (como las conductas autolesivas o ritualistas o la resistencia al cambio) y los ingresos familiares medios se asociaron con la agresión en niños con TEA (Anderson, 2015). Los ingresos familiares más altos se relacionaron sorprendentemente con un mayor riesgo de agresión, potencialmente debido a un mejor acceso a las intervenciones desafiantes que pueden conducir a un comportamiento agresivo o una diferencia en el comportamiento de presentación de informes basado en los niveles de ingresos.

Funciones de la agresión

Antes de intentar iniciar un cambio de comportamiento, comprenda las razones subyacentes del comportamiento de su hijo. Esto puede tener un impacto positivo en el niño y ayudar a manejar su comportamiento de manera más eficaz. Una forma de explorar la causa raíz del comportamiento de un niño es identificar las cuatro funciones del comportamiento, tal y como las describe Behavioral Innovations (2022).

Escapar

El niño muestra un comportamiento dirigido a escapar o evitar una tarea. Por ejemplo, coge una rabieta cuando un cuidador intenta peinarle.

Atención

El niño se comporta de forma que pretende atraer la atención de otra persona, aunque ello le provoque una reacción negativa.

Acceso

El niño muestra un comportamiento destinado a obtener acceso físico a algo que desea, como un juguete o un videojuego.

Refuerzo automático

Los comportamientos debidos al refuerzo automático están relacionados con cosas que proporcionan al niño una sensación de placer o le ayudan a regular sus estímulos sensoriales.

NORMAS Y DISCIPLINA

Los niños con autismo se sienten cómodos en rutinas estructuradas, por lo que el concepto de límites es crucial para ellos (Morin, 2022). Establecer normas y límites puede reforzar estas rutinas y beneficiar enormemente a su hijo. Los niños con TEA tienen formas únicas de procesar la información e interactuar con el mundo, y unos límites claros pueden proporcionarles una sensación de estructura y previsibilidad, fomentando sentimientos de seguridad y confianza. Además, los límites ayudan a los niños con TEA a comprender sus expectativas y límites, reduciendo sus niveles de ansiedad. Cuando se enfrentan a situaciones inesperadas, las normas y los límites establecidos les preparan proporcionándoles estructura, previsibilidad y una sensación de seguridad, lo que les permite afrontar los retos y sentirse más cómodos en situaciones sociales.

Controlar el comportamiento agresivo

Sea proactivo

Los padres pueden tomar medidas proactivas para prevenir el comportamiento agresivo de sus hijos, lo que puede ser muy beneficioso. Según Behavioral Innovations (2021), es crucial asegurarse de que los niños descansan lo suficiente, especialmente los que tienden a actuar de forma agresiva cuando están cansados. Los padres también pueden establecer normas claras sobre el acceso a los objetos preferidos, como los dispositivos electrónicos, para ayudar a prevenir la agresividad. En el caso de los niños con dificultades de procesamiento sensorial, los padres pueden buscar formas alternativas de satisfacer sus necesidades sensoriales sin recurrir a comportamientos perjudiciales. Pasar tiempo de calidad con los niños también es vital, y los padres deben reservar tiempo para realizar actividades agradables con sus hijos. Por último, los padres pueden ayudar a sus hijos a sustituir el comportamiento agresivo por habilidades de comunicación funcionales y comportamientos alternativos. Estas estrategias pueden ayudar a fomentar un entorno doméstico más pacífica y paz en el hogar, al tiempo que reducen la probabilidad de que los niños muestren un comportamiento agresivo.

Refuerzo: Comportamiento inadecuado

Evite reforzar involuntariamente el comportamiento agresivo, ya que puede aumentar la probabilidad de que se repita en el futuro. Para comprender qué puede estar reforzando el comportamiento, identifique su función. Por ejemplo, si un niño actúa de forma agresiva para obtener un dispositivo, dárselo puede reforzar el comportamiento (Behavioral Innovations, 2022). Los cuidadores deben reflexionar sobre sus acciones para determinar si pueden estar reforzando el comportamiento agresivo involuntariamente. Ser consciente de las consecuencias de las propias acciones puede ayudar a reducir la probabilidad de agresión y promover un entorno doméstico más positivo.

Refuerzo: Comportamiento adecuado

Para guiar el comportamiento de su hijo hacia una conducta positiva, céntrese en reforzar la conducta deseada en lugar de castigar la agresión. Identifique comportamientos alternativos que le gustaría ver y refuércelos elogiando a su hijo por mostrarlos. Esto ayuda a establecer una conducta positiva y les anima a repetirla en el futuro, creando un entorno seguro y positivo para su desarrollo. (Behavioral Innovations, 2022)

Seguridad

Si la agresividad de su hijo supone una amenaza para su seguridad, actúe de inmediato. Para los casos menos graves, establezca un plan, fije límites y refuerce el comportamiento positivo. Aborde las causas subyacentes de la agresión con asesoramiento o terapia.

Autocuidado

Cuidar de un niño puede ser agotador, sobre todo cuando se trata de un niño con un comportamiento difícil. Dé prioridad a su bienestar encontrando un sistema de apoyo de personas de confianza que comprendan y puedan proporcionarle apoyo práctico y emocional. Planifique descansos para recargar las pilas, como pasar tiempo a solas o salir por la noche. Es esencial contar con otras personas que puedan ayudarle a cuidar de su hijo, como familiares o canguros. Recuerda que cuidarte es vital para tu bienestar y el de tu hijo, ya que te prepara para afrontar las exigencias de la crianza.

Reglas

Las normas marcan las expectativas de los niños y crean un entorno positivo. Utiliza frases positivas que se centren en lo que tu hijo puede hacer en lugar de en lo que no puede. Los apoyos visuales son una herramienta eficaz, como el uso de un temporizador para indicar cuándo puede empezar el recreo (Raising Children Network Australia, 2020b). Sea coherente a la hora de hacer cumplir las normas y las consecuencias, y refuerce positivamente el buen comportamiento.

Desencadenantes

Considere la posibilidad de llevar un registro del comportamiento de su hijo después de un incidente agresivo, incluyendo lo que sucedió antes del comportamiento, las señales de advertencia, las acciones específicas tomadas y cómo respondieron usted y los demás. El seguimiento de patrones puede prevenir futuros incidentes y proporcionar información valiosa para las evaluaciones. Documentar los detalles puede ayudar a los padres y cuidadores a comprender mejor el comportamiento y encontrar formas eficaces de abordarlo.

Profesionales

Un analista de conducta puede realizar una Evaluación Funcional de la Conducta y crear un Plan de Apoyo a la Conducta para abordar las conductas problemáticas de su hijo. Sin embargo, estas sugerencias no sustituyen la evaluación y orientación de un profesional. Busque la ayuda de un profesional para ayudar a su hijo a superar sus frustraciones e impulsos.

Disciplina en la escuela

Colaborar con la escuela de su hijo para establecer un enfoque compartido de la disciplina tiene varias ventajas. Cuando ambos entornos tienen expectativas y estrategias similares, es más probable que los niños comprendan cuáles son los comportamientos adecuados. Trabajar con la escuela también puede aportar información sobre el comportamiento de su hijo y facilitar una comunicación abierta entre usted y los profesores. Esto permite un esfuerzo más coordinado para abordar cualquier problema y apoyar el bienestar general de su hijo (Morin, 2022).

Acerca del tiempo fuera

Los tiempos muertos pueden ser eficaces, pero no son adecuados para todos los niños o situaciones. Los padres pueden cometer errores al utilizarlos, como no cumplir las consecuencias, hablar con el niño durante el tiempo fuera o utilizar un espacio divertido (Lee, 2022). Para mejorar su eficacia, los padres deben mantener la calma, evitar enfadarse o gritar, ser coherentes y utilizar un espacio tranquilo. Después del tiempo fuera, los cuidadores deben tranquilizar al niño y hablar sobre su comportamiento, explicándole por qué fue inapropiado y cómo evitarlo en el futuro. Los tiempos muertos deben utilizarse adecuadamente y combinarse con refuerzos positivos por buen comportamiento.

Alternativas

Los padres y cuidadores deben equilibrar las exigencias y el refuerzo, y dar prioridad al refuerzo positivo sobre el tiempo fuera a la hora de controlar el comportamiento problemático. La Dra. Mary Barbera sugiere crear ocho experiencias positivas por cada consecuencia negativa (2022). Esto implica elogiar el buen comportamiento, ofrecer recompensas por las tareas y crear un entorno de apoyo. Los padres pueden fomentar el buen comportamiento estableciendo límites claros, proporcionando un refuerzo positivo constante e identificando los problemas subyacentes. El refuerzo positivo no significa ignorar el comportamiento negativo, sino abordarlo de forma constructiva. Para más información útil, puede seguir a la Dra. Barbera en Facebook en MaryBarbera.com/facebook.

SI TE PEGAN

La redirección neutra es una técnica ABA que sustituye el comportamiento agresivo por acciones apropiadas en niños autistas (Therapeutic Pathways, 2021). Utilizando este enfoque, los padres pueden ayudar a sus hijos a aprender un comportamiento socialmente aceptable y mejorar sus interacciones con los compañeros. Para utilizar la redirección neutral, mantenga la calma, evite reaccionar y redirija a su hijo a un método de comunicación diferente. Absténgase de prestar atención al comportamiento agresivo y prepare a otros niños sobre cómo responder a la agresividad de su hermano.

Comprender

El comportamiento agresivo de los niños autistas puede deberse a diversos factores, como la sobrecarga sensorial o la dificultad para comunicar sus sentimientos. Los padres pueden ayudar vigilando las emociones de su hijo y fomentando el uso de técnicas de comunicación aprendidas. En el caso de los niños con comportamientos agresivos, se recomienda acudir a un terapeuta conductual. Es importante mantener las nuevas estrategias de comportamiento, ya que estas conductas pueden empeorar antes de mejorar. Al enseñar a los niños que pegar ya no consigue el resultado deseado, el comportamiento negativo perderá su función y dará lugar a cambios positivos.

Gritar

Gritar a los niños con autismo es ineficaz y puede aumentar sus niveles de estrés, lo que puede exacerbar sus problemas de comportamiento y agresividad. En su lugar, las familias pueden trabajar con intervencionistas conductuales para aprender estrategias eficaces para gestionar los problemas de conducta en casa. Los niños con autismo experimentan naturalmente niveles más altos de estrés y luchan con la conciencia situacional, el control de impulsos y la comprensión de las normas sociales. Gritar puede conducir a la depresión y afectar negativamente a su bienestar emocional (Tatom, 2022).

Cómo frenar

El comportamiento agresivo de los niños autistas puede crear dificultades a los cuidadores y tener consecuencias negativas a largo plazo. Entender las razones del comportamiento y buscar ayuda profesional puede ayudar a identificar las necesidades sensoriales y las estrategias de afrontamiento positivas. La terapia ABA puede tardar varios años en dominarse, por lo que es esencial buscar el apoyo de otros profesionales (Tatom, 2022).

DESARROLLAR LA PACIENCIA

Criar a un niño con autismo requiere paciencia, y la planificación y la preparación pueden aliviar el caos y la frustración. El sitio Autism Site sugiere mantener la calma durante los comportamientos repetitivos, buscar apoyo, hacer algo relajante, empatizar con la perspectiva de su hijo, dividir los obstáculos en pasos más pequeños, centrarse en el desarrollo de la paciencia (Tatom, 2022).

los obstáculos en pasos más pequeños, centrarse en los comportamientos positivos, buscar refugio y considerar el cuidado de relevo (2017). Las técnicas de afrontamiento, las respuestas planificadas y los recursos de apoyo pueden ayudar a cultivar la paciencia y ayudarle a convertirse en el mejor cuidador de su hijo con autismo.

EL CAMBIO DE BRETT Y TIFFANY

Brett, el hijo de Tiffany, era un buen estudiante y hablaba con fluidez, pero cuando se enfadaba, arremetía contra los miembros de su familia, tiraba cosas e incluso se golpeaba la cabeza contra la pared. Esto era una fuente constante de estrés y preocupación, sobre todo porque Brett compartía dormitorio con su hermano pequeño. Tiffany tuvo que separarlos en varias ocasiones porque temía que Brett hiriera a su hermano en uno de sus arrebatos.

Pero no era sólo su agresividad lo que preocupaba a Tiffany. Brett tenía un trastorno del sueño que le hacía despertarse con frecuencia por la noche, lo que empeoraba su comportamiento. Tiffany hizo todo lo que pudo para ayudar a Brett a dormir mejor. Estableció una rutina para acostarse, se aseguró de que tuviera un entorno cómodo y tranquilo e incluso probó a darle somníferos naturales. Pero nada parecía funcionar.

Mientras investigaba un poco, Tiffany leyó sobre una terapia llamada ABA que consistía en enseñar a los niños autistas a controlar sus comportamientos repetitivos, lo que podía reducir su riesgo de agresividad. riesgo de agresividad. Encontró un terapeuta local especializado en este enfoque y empezó a llevar a Brett a sesiones regulares.

Con el tiempo, Brett y Tiffany aprendieron a reconocer sus desencadenantes y a reconducir su comportamiento antes de que se volviera agresivo. Aprendió estrategias de afrontamiento, como respirar profundamente y contar hasta diez. Y aprendió a controlar sus comportamientos repetitivos, lo que le ayudó a reducir su ansiedad y frustración. No ha sido un camino fácil, pero Tiffany está orgullosa de lo lejos que ha llegado Brett. Le esperan más retos, pero se siente mejor preparada para afrontarlos ahora que Brett recibe la ayuda que necesita.

PUNTOS CLAVE Y CONCLUSIONES

El concepto clave de este capítulo es comprender el comportamiento agresivo de su hijo, que a menudo es una expresión de frustración y agobio debido a la dificultad para comunicarse. Las normas y límites coherentes pueden reducir los niveles de ansiedad y ayudar a los niños con TEA a comprender sus expectativas y limitaciones. La identificación proactiva de los desencadenantes y el refuerzo de las conductas positivas también son estrategias eficaces.

Es importante controlar el estrés del cuidador y buscar apoyo profesional, incluida la terapia. La aplicación de estrategias conductuales puede llevar tiempo y empeorar inicialmente el comportamiento agresivo. El próximo capítulo seguirá centrándose en los pilares uno y tres, abordando los problemas sensoriales y del sueño en los niños autistas.

niños autistas. El sueño es crucial para el desarrollo y el bienestar, y los problemas sensoriales pueden causar sobrecarga y conductas de evitación. El capítulo explorará las razones de las dificultades para dormir y los diversos retos sensoriales, ofreciendo estrategias prácticas para dormir mejor y mejorar la calidad de vida.

6

LIDIAR CON SUS PROBLEMAS SENSORIALES Y DE SUEÑO

Hay esperanza y fuerza en la comprensión.

— TEMPLO GRANDIN

LOS SENTIDOS Y EL SUEÑO

Onciliar un sueño de calidad puede ser un reto para los niños autistas, ya que pueden tener dificultades tanto para conciliar el sueño como para permanecer dormidos. Factores como

rutinas a la hora de acostarse, el sueño y los hábitos de vida pueden contribuir a estos problemas. En este capítulo exploraremos posibles soluciones para mejorar la calidad del sueño del niño mediante cambios en su entorno, rutinas y hábitos de sueño.

También es crucial abordar los problemas de procesamiento sensorial, ya que estas sensibilidades pueden afectar en gran medida a la comodidad y el bienestar del niño. Al crear un dormitorio adecuado para los sentidos, con la iluminación, el suelo y los olores y colores apropiados, los cuidadores pueden ayudar a reducir los posibles desencadenantes y promover un mejor entorno de sueño para el niño. Adoptar un enfoque individualizado para gestionar el sueño y los problemas sensoriales es clave para promover un estilo de vida más sano y feliz tanto para el niño como para la familia. Estas estrategias corresponden a los pilares uno y tres del marco de los cinco pilares, cuyo objetivo es ayudar a los cuidadores a comprender y mitigar el comportamiento de su hijo.

SOBRECARGA SENSORIAL

Los síntomas sensoriales se refieren a la forma en que alguien se comporta en respuesta a su entorno sensorial. Según la definición del Carmen B. Pingree Autism Center of Learning, cuando la cantidad de información recibida de los sentidos es superior a la que el cerebro puede manejar, se habla de sobrecarga sensorial (2021).

No todos los niños con TEA experimentan desafíos sensoriales, pero muchos sí. Algunos niños neurodivergentes experimentan diferencias en la forma en que perciben la entrada sensorial de su entorno, mientras que otros pueden luchar más intensamente con ciertas experiencias sensoriales. Es importante recordar que todos tenemos nuestras propias preferencias y sensibilidades sensoriales. Cada persona puede reaccionar de forma distinta a los distintos estímulos sensoriales: Puede que a usted le guste la sensación de suavidad de las mantas, pero que a otra persona le resulte incómoda (Behavioral Innovations, 1998).

(Behavioral Innovations, 2021). Cada persona tiene sus propias necesidades sensoriales y formas de procesar la información sensorial.

Dolor

Los niños con TEA pueden tener una percepción del dolor diferente a la de los demás. Es posible que no sientan el dolor con la misma intensidad que los individuos neurotípicos o que lo soporten más. Por ejemplo, algunos niños del espectro pueden no notar un corte sangrante, mientras que otros pueden experimentar el dolor más intensamente que sus compañeros en la misma situación.

Audición

Los niños autistas pueden mostrar una sensibilidad extrema a ciertos sonidos que no molestan a los individuos neurotípicos. Esta sensibilidad exacerbada puede causar al niño una angustia significativa, que le provoque ansiedad y agitación. Aunque es normal que a todas las personas les desagraden ciertos sonidos en cierta medida, las que se encuentran dentro del espectro pueden experimentar una aversión mucho mayor.

Tacto

Los retos sensoriales hacen que ciertas texturas resulten incómodas para los niños autistas. Esta sensibilidad puede extenderse a la ropa o a los objetos con los que están en contacto, lo que les lleva a evitarlos por completo. Esta sensación de incomodidad puede ser intensa y sobrepasar su capacidad de afrontamiento, lo que les dificulta participar en actividades que impliquen la exposición a dichas texturas. La hipersensibilidad a ciertas texturas no es inusual entre los niños o adultos con TEA, lo que indica la necesidad de un apoyo más especializado para ayudarles a desenvolverse en estas situaciones.

de un apoyo más especializado para ayudarles a desenvolverse eficazmente en el mundo sensorial.

Olfato

Los niños con TEA pueden sentir una especial predilección o aversión por determinados olores. Algunos pueden encontrar ciertos olores extremadamente desagradables, mientras que otros pueden tener un sentido del olfato hiperactivo que puede hacer que la vida sea un reto debido a estar constantemente bombardeados por olores que les molestan. Es importante descartar cualquier causa médica si a su hijo parecen molestarle ciertos olores, ya que puede o no estar relacionado con una alergia (Behavioral Innovations, 2021).

Vista

Es importante prestar atención a cómo responde su hijo a la estimulación visual, ya que algunos niños pueden sobreestimularse o angustiarse ante determinadas señales visuales. Los niños responden de forma diferente a los estímulos visuales: a uno le puede gustar algo, mientras que a otro le molesta. Esté atento a cualquier signo de incomodidad e intente ajustar la estimulación en consecuencia.

Diferencias de sensibilidad

Los niños neurodivergentes pueden experimentar una serie de síntomas sensoriales que afectan a su comportamiento y funcionamiento diario. Estos síntomas pueden clasificarse como hiperreactividad, en la que el niño es demasiado sensible a los estímulos, o hipoactividad, en la que el niño es poco sensible a los estímulos.

o hipersensibilidad, en los que el niño es poco sensible. Comprender estos comportamientos puede ayudar a los cuidadores a proporcionar el apoyo y las adaptaciones más adecuadas.

Hipersensibilidad

La hipersensibilidad sensorial es una afección en la que un individuo experimenta reacciones exageradas e intensas a su entorno sensorial. Por ejemplo, un niño puede sentir la necesidad de taparse los oídos incluso cuando hay un ruido moderado en el entorno. Estas personas pueden reaccionar de forma exagerada a determinados estímulos, como sonidos, texturas o estímulos visuales u olfativos, que pueden resultar abrumadores y causar malestar o angustia. Esto puede dar lugar a conductas de evitación o interrupciones en las actividades diarias.

Hiposensibilidad

La hiposensibilidad se refiere a la tendencia a mostrar comportamientos que no responden adecuadamente al entorno inmediato. Su hijo puede no reaccionar adecuadamente a ruidos fuertes u otros estímulos externos y parecer insensible, emocionalmente plano o incluso ajeno a su entorno.

RELACIÓN ENTRE AUTISMO Y SENSIBILIDAD SENSORIAL

Sabemos que el autismo tiene componentes tanto genéticos como ambientales. Un estudio publicado por Taylor et al. (2018) en el Journal of the American Academy of Child & Adolescent Psychiatry, descubrió que la genética subyacente del autismo se superpone con la que influye en las respuestas sensoriales anormales. Esta investigación proporciona más pruebas de que las sensibilidades sensoriales son una característica central del autismo. El estudio descubrió que alrededor del 85% del solapamiento puede atribuirse a variables genéticas, lo que respalda la idea de que estas sensibilidades son hereditarias. Investigaciones anteriores también han demostrado que los padres y hermanos de individuos autistas a menudo muestran versiones más leves de sus sensibilidades; el estudio también encontró que casi todas las madres de niños con autismo muestran respuestas inusuales a los estímulos sensoriales, como la luz, el tacto y el sonido (Uljarević et al., 2014). Si bien la relación entre las sensibilidades sensoriales y el autismo aún se encuentra en las primeras etapas de investigación, estos hallazgos destacan la importancia de reconocer y abordar las dificultades de procesamiento sensorial en los individuos del espectro.

Adaptación a las hipersensibilidades

Pueden tomarse algunas medidas sencillas para adaptarse a las necesidades hipersensibles. Atenuar las luces puede ser útil, ya que las luces brillantes pueden resultar sobreestimulantes. Se puede utilizar iluminación incandescente en lugar de fluorescente, ya que el parpadeo de las bombillas fluorescentes puede resultar molesto para algunas personas. En entornos ruidosos, se pueden utilizar tapones para los oídos o auriculares para reducir el nivel de ruido. Pueden eliminarse los productos muy perfumados, como ambientadores y perfumes, ya que pueden causar molestias a algunas personas. Es importante tener en cuenta las sensibilidades personales a la hora de suministrar alimentos y ropa. Esto significa tener en cuenta la temperatura, la textura y los materiales de los tejidos. Por último, pida siempre permiso antes de tocar a alguien, sobre todo cuando abrace a un niño, ya que a algunos puede no gustarles el contacto físico.

Adaptarse a las hiposensibilidades

Hay varias formas de ayudar a los niños con hiposensibilidad. Por ejemplo, proporcionándoles ayudas visuales que les ayuden a procesar la información y las instrucciones orales, lo cual puede ser especialmente útil para los niños que tienen dificultades con las instrucciones verbales. Otra forma de ayudar es ofrecer alimentos de sabor o textura más fuertes, que pueden ser una buena manera de proporcionar una variedad de experiencias sensoriales y, al mismo tiempo, ayudar a crear tolerancia a diferentes sabores y texturas. Los juguetes que estimulan los sentidos, como los fidgets, también pueden ser herramientas útiles para ayudar a los niños a regular sus emociones y centrar su atención. Ofrecer oportunidades para participar en actividades estimulantes también puede ser útil, ya que puede ayudar a los niños a explorar diferentes experiencias sensoriales en un entorno seguro y controlado. Por último, el uso de una manta con peso puede proporcionar una sensación de confort y seguridad a los niños que pueden tener problemas de procesamiento sensorial.

PROBLEMAS DE SUEÑO

Los problemas de sueño son comunes en todos los niños, pero los autistas, en particular, pueden tener dificultades para conciliar el sueño. Pueden experimentar problemas como patrones de sueño irregular, quedarse despierto hasta tarde por la noche o despertarse muy temprano. Los niños con TEA también pueden dormir mucho menos de lo esperado para su edad, o estar despiertos durante períodos prolongados durante la noche. Además, los niños del espectro a veces se levantan y realizan actividades o hacen ruido durante varias horas a lo largo de la noche. Estas dificultades del sueño pueden ser un reto tanto para el niño como para sus cuidadores, pero existen estrategias para ayudar a mejorar la higiene del sueño y la calidad general del descanso de los niños neurodivergentes.

Las razones de los problemas de sueño en los niños con TEA pueden variar, y pueden estar relacionadas con los hábitos antes de acostarse o durante el día. La ansiedad, la enuresis y los factores biológicos también pueden contribuir a las dificultades de sueño. Además, las enfermedades o los problemas de salud, los terrores nocturnos y las pesadillas, el sueño agitado, los ronquidos y las dificultades de comunicación social pueden afectar a la calidad y la duración del sueño de los niños autistas. Estos retos pueden ser especialmente difíciles para los padres y cuidadores, ya que la falta de sueño puede dificultar la gestión de las rutinas diarias y otros síntomas del autismo. Sin embargo, las estrategias basadas en la evidencia pueden ayudar a mejorar la higiene del sueño y el bienestar general.

Hábitos a la hora de dormir

La rutina a la hora de acostarse y el entorno de sueño pueden desempeñar un papel importante en la capacidad de los niños para conciliar el sueño y permanecer dormidos durante toda la noche. Por ejemplo, si hay mucho ruido, actividad o excitación antes de acostarse, puede ser más difícil que los niños se sientan lo suficientemente tranquilos y relajados para conciliar el sueño. Del mismo modo, si los niños hacen cosas diferentes cada noche antes de acostarse, es posible que no reciban señales coherentes de que es hora de acostarse y dormir. Además, si están acostumbrados a dormirse en otro lugar que no sea su propia cama, como la habitación familiar, pueden tener dificultades para dormirse en su propia cama. En el caso de los niños con preferencias específicas a la hora de dormir, como necesitar que todos sus coches de juguete estén alineados en la cama antes de poder dormir, esto puede crear dificultades adicionales si falta algo o está fuera de lugar. Los factores ambientales, como la temperatura, la luz y el ruido, también pueden dificultar el sueño, sobre todo en el caso de los niños autistas con sensibilidad sensorial. Los padres y cuidadores pueden ayudar a los niños a desarrollar hábitos de sueño saludables abordando estos factores y creando una rutina y un entorno de sueño coherentes y tranquilizadores.

Hábitos diurnos

Los hábitos alimentarios poco saludables y la falta de actividad física durante el día pueden contribuir a los problemas de sueño de los niños. Afortunadamente, unos sencillos cambios en el estilo de vida pueden ayudar a resolver estos problemas. Animarles a realizar más actividad física a lo largo del día, incluyendo al menos una hora de juegos enérgicos como correr y saltar, puede ayudarles a dormir mejor. Además, también puede ser útil asegurarse de que su hijo cene a una hora que le permita irse a la cama sin sentirse ni demasiado hambriento ni demasiado lleno. Es importante evitar la cafeína y la excitación por la noche, así como las siestas diurnas largas y tardías para los niños mayores de cinco años. Con estos cambios en el estilo de vida, los padres y cuidadores pueden fomentar hábitos de sueño saludables y mejorar la calidad y duración del sueño de sus hijos.

Ansiedad

Los niños autistas que sufren ansiedad pueden tener dificultades para conciliar el sueño por la noche. Lo mejor es evitar hablar de cualquier tema que pueda desencadenar preocupaciones o estrés antes de acostarse para ayudarles a descansar bien. En su lugar, intente hablar con su hijo de sus miedos y preocupaciones durante el día, cuando puede procesar mejor la información. Si escuchas a tu hijo y le das la oportunidad de expresarse, puedes ayudar a reducir su ansiedad y fomentar mejores hábitos de sueño. Crear una rutina tranquila y relajante a la hora de acostarse también puede ser útil para fomentar la relajación y preparar a tu hijo para una noche de sueño reparador.

Mojar la cama

Es frecuente que los niños con TEA aprendan tarde a ir al baño o que tengan dificultades para hacerlo. La enuresis también puede ser un problema para estos niños, haciendo que se despierten durante la noche porque están mojados. Las tallas de la ropa interior Goodnites están disponibles para personas que pesan hasta 140 libras. También es posible que se despierten para ir al baño y luego tengan dificultades para volver a dormirse. Si este es el caso de su hijo, puede ser útil buscar ayuda. Un buen punto de partida es hablar con el terapeuta de su hijo. Si el problema persiste, también puede ser necesaria una visita al pediatra.

Causas biológicas

En el caso de los niños neurodivergentes, los problemas de sueño también pueden tener causas biológicas. Por ejemplo, a veces las hormonas del cerebro que controlan el sueño se liberan de forma distinta a como se liberan en los niños neuro-típicos, lo que puede significar que algunos niños autistas no estén "sintonizados" con su propia necesidad de dormir. Habla con el pediatra si crees que esto puede estar afectando al sueño de tu hijo.

Enfermedades y problemas de salud

Los niños autistas, como todos los niños, pueden padecer enfermedades como resfriados o infecciones de oído, que pueden alterar su rutina de sueño. Cuando un niño está enfermo, puede ser necesario ajustar su rutina de sueño. Sin embargo, una vez que el niño se encuentre mejor, es importante volver gradualmente a la rutina habitual a la hora de acostarse. El refuerzo positivo puede ayudar a que esta transición sea más suave.

Para las personas alérgicas o con piel sensible que desean un sueño más reparador regulando la temperatura corporal, es muy recomendable utilizar un cubrecolchón de lana lavable por sus propiedades hipoalergénicas y de control de la temperatura. Si sospecha que los problemas de sueño de su hijo se deben a un problema médico como el asma o la epilepsia, es importante que hable con el pediatra para que le asesore.

Terrores nocturnos y pesadillas

Algunos comportamientos durante el sueño que los padres pueden percibir como problemáticos son, en realidad, bastante comunes en todos los niños. Los terrores nocturnos, que son episodios repentinos e intensos de agitación durante el sueño profundo, los suelen experimentar los niños de entre 2 y 12 años y no indican ningún problema grave. Del mismo modo, las pesadillas, que pueden despertar a los niños y dificultar que vuelvan a dormirse, son normales en niños de todas las edades (Raising Children Network Australia, 2020a). Sin embargo, si le preocupa el comportamiento de su hijo durante el sueño o si su comportamiento parece grave, siempre puede hablar con su médico para obtener más orientación y apoyo.

Sueño inquieto

Los niños autistas experimentan ocasionalmente un sueño más inquieto que los niños no autistas. Esto puede manifestarse como balanceo del cuerpo, golpeteo de la cabeza y balanceo de la cabeza. Aunque se trata de una afección frecuente, también puede indicar trastornos del sueño menos comunes. Si está preocupado o su hijo no responde a las técnicas de sedestación, lo mejor es que pida consejo al pediatra.

A veces, los niños autistas toman medicamentos que tienen efectos secundarios que dificultan su rutina de sueño. Se recomienda consultar también con el pediatra si esto puede suponer un problema para su hijo.

Ronquidos

A veces, los niños con TEA pueden roncar mientras duermen, como cualquier otro niño. Sin embargo, si nota que los ronquidos de su hijo son persistentes, es importante que consulte al pediatra. Esto se debe a que los ronquidos persistentes podrían indicar una afección llamada apnea del sueño, que puede requerir atención médica.

Dificultades de comunicación social

Los niños autistas pueden tener problemas de sueño debido a dificultades en la comunicación social, lo que puede dificultarles la expresión de sus necesidades y deseos y, en última instancia, dificultarles conciliar el sueño o permanecer dormidos. Por lo tanto, se recomienda trabajar en la mejora de las habilidades comunicativas del niño para ayudar a aliviar los problemas de sueño. Además, las dificultades de comunicación social pueden dificultar la capacidad del niño para reconocer las señales de los miembros de la familia a la hora de dormir. En estos casos, establecer una rutina coherente y positiva a la hora de acostarse puede ayudar a su hijo a entender cuándo es la hora de dormir.

Repercusiones de los problemas de sueño

La calidad del sueño que recibe un niño influye significativamente en su salud y bienestar general. El sueño inadecuado está correlacionado con comportamientos como la agresividad, la depresión, la hiperactividad, el aumento de los problemas de conducta, la irritabilidad y el bajo rendimiento cognitivo en niños con autismo. Es probable que su sueño también se vea afectado si su hijo tiene problemas para dormir (Watson, 2008).

Dormir bien a su hijo

Conseguir que los niños duerman puede ser un reto, especialmente cuando tienen problemas para comunicar sus sentimientos y preocupaciones a sus cuidadores. Este suele ser el caso de los niños con TEA, que pueden sufrir crisis cerca de la hora de acostarse cuando están cansados y agobiados. Las investigaciones demuestran que una buena higiene del sueño desempeña un papel importante a la hora de ayudar a los niños autistas a conciliar el sueño más rápidamente y dormir más profundamente. La Academia Americana de Pediatría recomienda tratamientos conductuales centrados en establecer una rutina tranquilizadora a la hora de acostarse y en crear un entorno de sueño relajante (Mattei, 2020). Entre los consejos para mejorar la higiene del sueño se incluyen hacer siestas diurnas a primera hora de la tarde y mantenerlas relativamente cortas; hacer ejercicio con regularidad para ayudar a gestionar el exceso de energía; evitar estimulantes como la cafeína y la nicotina antes de acostarse; y crear un entorno adecuado a la hora de acostarse que sea oscuro, fresco y libre de estímulos o distracciones que puedan interrumpir el sueño. También se ha demostrado que es beneficioso para los niños neurodivergentes establecer una rutina regular a la hora de acostarse que incluya actividades relajantes como leer un cuento y evitar los dispositivos electrónicos. Otras estrategias para mejorar la higiene del sueño incluyen la simulación de presión profunda, el uso de una manta con peso y objetos reconfortantes como peluches o mantas.

Diseño de un dormitorio para un niño con TEA

Un dormitorio bien diseñado para niños con autismo debe priorizar la funcionalidad, las necesidades sensoriales, la seguridad y la independencia, al tiempo que se mantiene una estética bonita y divertida. La sensibilidad sensorial puede variar de un niño autista a otro, y los estímulos ambientales pueden provocar reacciones graves y desestabilizadoras. Para minimizar estas reacciones negativas, el dormitorio de un niño debe evitar ruidos extraños, luces brillantes, bordes duros, colores intensos y patrones caóticos.

En su lugar, debe crear un espacio seguro y cómodo, con objetos suaves y familiares, una cama acogedora, elementos de juego o aprendizaje y una atmósfera tranquilizadora que tenga en cuenta todos los detalles:

- Delimita los espacios: Para ayudar a centrar la atención de los niños con autismo, es esencial proporcionarles espacios familiares. Dividir su dormitorio en zonas específicas para dormir, jugar, aprender y divertirse puede ayudar a conseguirlo. La cama debe estar alejada de la ventana, con iluminación controlada, mientras que las zonas de juego, estudio y ocio deben situarse más cerca de la ventana para que entre luz natural.
- Iluminación controlada: Elige cuidadosamente la iluminación para los niños con problemas sensoriales. Evita las luces blancas y opta en su lugar por luces amarillas. Filtre la luz natural y utilice cortinas opacas para oscurecer la habitación por la noche. Instala reguladores de intensidad para controlar la luz y coloca las luces hacia arriba para minimizar la intensidad.
- Elija colores relajantes: Elija con cuidado los colores del dormitorio, ya que pueden influir en el estado de ánimo y la funcionalidad. Opte por tonos tranquilizantes como el azul, el verde, el morado y el gris grises suaves, y evite las tonalidades brillantes demasiado estimulantes, como el rojo, el naranja y el amarillo. Evite los estampados que distraigan y elija pintura no tóxica y lavable si su

hijo lame las superficies. Por último, evite las paredes blancas en blanco, ya que pueden confundir la percepción que el niño tiene de su espacio.

- Elige suelos silenciosos: En el primer episodio de Atypical, Sam, un niño autista, adora la Antártida por su tranquilidad (Magical Nest, 2021). Como los niños autistas son sensibles a los sonidos, el suelo de su habitación debe elegirse con cuidado. La madera natural absorbe el sonido y ofrece una superficie suave y cálida, mientras que el suelo laminado debe evitarse porque puede ser ruidoso. Alternativamente, las moquetas de colores sólidos o las moquetas de baldosas son buenas opciones fáciles de instalar y mantener. Hay que evitar los tableros de ajedrez.

- Prevea mucho espacio de almacenamiento: Para que una habitación sea adecuada para un niño con TEA, organiza bien el espacio con distintos tipos de almacenaje. Los cajones de almacenamiento bajo la cama pueden esconder cosas, mientras que los cajones apilables transparentes deben estar etiquetados con símbolos o palabras. Guarda los objetos frágiles o los juguetes que necesiten supervisión en un armario cerrado con llave.

- Elige el tipo de ropa de cama adecuado: Al elegir la ropa de cama para un niño autista, recuerda que la textura puede ser un estimulante. Se recomiendan sábanas suaves de algodón de gran número de hilos que no creen grumos y puedan lavarse a altas temperaturas. Las sábanas con peso de y la elección de colores puede seguir la misma teoría que los colores de las paredes. Una combinación monocromática de colores es muy recomendable.

- Cuidado con los aparatos electrónicos: Evite televisores u ordenadores portátiles en la habitación de su hijo debido a sus efectos adictivos y estimulantes. Elimine los aparatos que producen ruidos fuertes o tienen muchos cables. En su lugar, considere el uso de aparatos electrónicos que proyecten imágenes tranquilizadoras o máquinas de ruido blanco para relajarse y dormir mejor.

- Reduzca al mínimo el desorden visual: Para la habitación de un niño, lo mejor es un estilo de decoración minimalista que fomente la concentración. Limita el arte mural a un cuadro por pared y elige paisajes naturales o estampados abstractos con espirales y curvas suaves. Evita los cuadros con líneas y ángulos pronunciados.

- Cree una zona de privación sensorial: Crea una zona de privación sensorial en la habitación de tu hijo con una tienda de campaña o un toldo e incluye almohadas blandas, una manta con peso, auriculares con cancelación de ruido y juguetes inquietantes. Esto ayuda a tu hijo a calmarse y a mejorar su autorregulación.

- Piensa en los olores: Los niños autistas pueden ser sensibles a los olores. Utiliza fuentes naturales de aromas, como plantas, flores y frutas. Abre las ventanas para que entre aire fresco. Diluye los aceites si utilizas un difusor. Los cítricos y la menta dan energía, mientras que la lavanda y el eucalipto relajan.

- Priorice la seguridad: Da prioridad a la seguridad a la hora de diseñar la habitación de tu hijo, especialmente en el caso de los autistas. Cierra con llave los armarios, las puertas y las ventanas. Suavice las esquinas y cubra los enchufes. Cree medidas de seguridad especiales para las necesidades únicas de su hijo, como una zona designada para trepar o una cerradura interior para niños.

Dormir bien: usted y su familia

A veces es importante ignorar los "debería" y los "no debería" que escucha sobre el sueño y concentrarse en lo que funciona mejor para su familia a fin de ayudar a su hijo a dormir mejor (National Autistic Society, 2020b). Por ejemplo, si su hijo quiere dormir con usted, puede estar bien permitirlo.

Hable con su médico sobre las opciones de medicación, incluida la melatonina. Aunque no hay evidencia a largo plazo para el uso de melatonina, puede ser útil a corto plazo para ayudar a su hijo a dormir mejor (Churchman, 2019). Asegúrese de discutir esta opción con su médico, y considere implementar nuevas rutinas y prácticas para eventualmente destetar a su hijo de la medicación.

Para asegurarse de que su hijo está seguro mientras duerme, proteja su habitación. No se sienta presionado a dormir cuando duerme su hijo si a usted no le conviene, y no dude en pedir ayuda y consejo a profesionales, sobre todo si está luchando contra una falta de sueño prolongada. Dormir bien es importante tanto para su familia como para su hijo, pero puede ser difícil de conseguir.

PUNTOS CLAVE Y CONCLUSIONES

Los niños autistas suelen tener dificultades para dormir, lo que puede repercutir negativamente en su bienestar y funcionamiento. Es importante identificar y abordar los factores que contribuyen a sus dificultades para dormir. Diseñar un entorno de sueño que satisfaga necesidades sensoriales puede ayudar a mitigar los problemas sensoriales y de sueño.

En los tres capítulos anteriores, nos hemos centrado en los pilares uno y tres, que abarcan la comprensión del comportamiento de su hijo y las estrategias para ayudarle a gestionarlo. Ahora volveremos a centrar nuestra atención en el Pilar Dos, que enfatiza la importancia de las habilidades sociales y las interacciones para los niños con TEA. Los niños autistas pueden tener dificultades para desenvolverse en situaciones sociales, pero con el apoyo y la orientación adecuados, pueden mejorar sus habilidades sociales y establecer relaciones significativas. Proporcionaremos información sobre sus retos y necesidades particulares, así como estrategias eficaces como las historias sociales, los juegos de rol y los encuentros estructurados. Establecer relaciones y amistades positivas puede tener un impacto significativo en su bienestar y desarrollo general.

7

AYUDÁNDOLES A DESARROLLAR HABILIDADES SOCIALES Y AMISTADES

Cuando una familia se centra en la capacidad en lugar de la discapacidad, todo es posible... El amor y la aceptación son clave. Debemos interactuar con las personas con autismo interesándonos por sus intereses.

— AMANDA RAE ROSS

EN BUSCA DE LA AMISTAD

En este capítulo, ahondaremos en la compleja cuestión de por qué los niños con TEA y síndrome de Asperger experimentan dificultades para socializar e interactuar con otros. Exploraremos los factores subyacentes que contribuyen a estos desafíos y ofreceremos estrategias efectivas de intervención para ayudar a los padres y cuidadores a apoyar a los niños con autismo en el desarrollo de sus habilidades sociales y en la construcción de amistades.

Este capítulo corresponde al pilar dos del enfoque de los cinco pilares, que se centra en el desarrollo del carácter, el descubrimiento del potencial y la mejora de las habilidades. Mi objetivo es equiparte a ti y a tu hijo con herramientas y técnicas prácticas que os permitirán tener éxito en vuestras vidas personales y sociales.

Examinaremos las estrategias de asimilación y adaptación que pueden utilizarse para ayudar a los niños con TEA a construir relaciones significativas y establar amistades a largo plazo. Estas estrategias les permitirán enfrentar situaciones sociales con confianza, mejorar sus habilidades de comunicación y desarrollar su inteligencia emocional.

Como siempre, es crucial entender que los niños con TEA y síndrome de Asperger tienen desafíos únicos, incluidos los sociales, que requieren enfoques específicos. Por lo tanto, este capítulo proporcionará una visión completa de esos desafíos, su impacto en el desarrollo social de tu hijo y las intervenciones respaldadas por evidencia que pueden implementarse para apoyarlos.

En general, este capítulo está diseñado para empoderarte con el conocimiento y las habilidades necesarias para ayudar a tu hijo a superar algunas de sus dificultades sociales y prosperar en sus vidas personales y sociales. Al implementar las estrategias descritas, podrás ayudarles a construir relaciones significativas y establecer una sólida base para el éxito a largo plazo.

PROBLEMAS CON LAS HABILIDADES SOCIALES

Los niños suelen aprender a través del juego imaginativo e incorporan lo que observan en sus vidas, incluyendo situaciones sociales en las que ajustan su comportamiento para encajar. Sin embargo, para los niños con síndrome de Asperger y autismo, las interacciones sociales presentan desafíos únicos. Sus cerebros no registran fácilmente información interpersonal vital, especialmente las señales sutiles como el lenguaje corporal y el tono de voz, lo que resulta en torpeza social y comportamientos inapropiados (Durham Region Autism Services, 2023b). Enseñar habilidades sociales a estos niños es crucial, pero requiere comprender sus dificultades. Los niños en el espectro luchan con el procesamiento visual, el razonamiento abstracto y la regulación emocional, entre otros problemas. Abordando estos desafíos y proporcionando el apoyo adecuado, los padres y educadores pueden ayudar a los niños con síndrome de Asperger a desarrollar las habilidades sociales que necesitan para tener éxito en situaciones sociales.

La conexión entre las habilidades sociales y el autismo

El TEA se caracteriza por una combinación de rasgos que pueden hacer extremadamente difícil para los niños adquirir habilidades sociales básicas. Algunos de estos atributos incluyen retrasos y dificultades en la comunicación verbal, la incapacidad para leer señales de comunicación no verbal, comportamientos repetitivos u obsesivos y abrumadores estímulos sensoriales (Applied-BehaviorAnalysisEdu.org, 2017). Aunque este déficit a menudo se malinterpreta como un deseo de evitar a las personas o situaciones sociales, la mayoría de las personas con TEA desean desesperadamente interactuar con otros, pero simplemente carecen de las habilidades necesarias. Esta frustración puede dar lugar a arrebatos o comportamientos inapropiados en contextos sociales. Por otro lado, algunas personas con TEA son ajenas a sus propios problemas de comunicación y pueden ofender o hacer que otros se sientan incómodos sin darse cuenta. Pueden acaparar conversaciones, centrarse en temas específicos o aislarse de estímulos externos. Es crucial comprender estos desafíos y proporcionar el apoyo adecuado para ayudar a las personas con TEA a desarrollar las habilidades sociales que necesitan para tener éxito en situaciones sociales.

CÓMO AYUDAR A TU HIJO EN SITUACIONES SOCIALES

Los niños con síndrome de Asperger y autismo pueden ser aprendices altamente efectivos si se les aborda con estrategias apropiadas. Pueden utilizar su memoria para reglas y métodos lógicos y mitigar los desafíos que enfrentan. Para enseñar habilidades de manera efectiva, se pueden emplear varias técnicas. La instrucción verbal directa es esencial. Los niños neurodivergentes aprenden mejor cuando se les enseña de manera directa, lógica y lineal en un enfoque estructurado y académico. Las nuevas estrategias deben enseñarse de manera clara y concisa, con pasos lógicos que puedan revisarse con frecuencia y practicarse en diversas situaciones para fomentar la flexibilidad. También se deben enseñar una variedad de habilidades, como identificar señales sociales y lenguaje corporal, comprender la distancia social adecuada y el contacto visual, y leer el tono de voz (Durham Region Autism Services, 2023b). Los niños pueden necesitar ayuda para comprender el lenguaje figurado, como las metáforas, si es necesario.

Es esencial reforzar las habilidades de resolución de problemas existentes ayudando a los niños a identificar situaciones difíciles y cómo aplicar sus conocimientos adquiridos. Tu hijo puede desarrollar mejores habilidades de deducción y predicción al explicar verbalmente la causa y el efecto de sus acciones. Además, las técnicas de regulación emocional pueden ayudar a los niños a reconocer sus sentimientos y gestionar la ansiedad y la frustración antes de que desencadenen un colapso. También puede ser necesario enseñar mejores técnicas de autocuidado, como practicar una buena higiene.

Desarrollar un plan alternativo es importante para dar a los niños la oportunidad de recurrir a una alternativa si sus planes iniciales no funcionan como se esperaba y para evitar que se sientan desanimados cuando los resultados no se producen según lo previsto. Ten en cuenta que los niños con autismo pueden tener dificultades para utilizar las habilidades sociales que han aprendido en un entorno en otras situaciones. Para ayudarlos a utilizar sus habilidades en diversos entornos, practicar habilidades sociales en diferentes situaciones, como compartir lápices con un amigo que los visita o con un hermano en una cafetería, puede ser beneficioso (Raising Children Network Australia, 2023).

Mejorando las interacciones

Los padres y cuidadores desempeñan un papel crítico en el refuerzo de la formación de habilidades sociales en el hogar para niños con autismo. Aunque las sesiones de terapia y las intervenciones de expertos pueden ayudar a mejorar las habilidades sociales, es igualmente importante seguir practicando en casa para obtener resultados óptimos. Aquí hay algunas estrategias de Kim Barsolo para Autism Parenting Magazine que los padres y cuidadores pueden utilizar (2019):

El juego de roles es una forma efectiva de ayudar a un niño a aprender comportamientos esperados e inesperados en diferentes escenarios. Por ejemplo, un niño puede practicar ir a la escuela antes del evento real.

Jugar juegos junto con un padre o hermano también puede enseñar a un niño sobre la importancia de las reglas, tomar turnos y ser un buen deportista. Juegos como patear una pelota de un lado a otro, el "Simón Dice", el "Escondite" y juegos de mesa sencillos como "Jenga" o "Conecta Cuatro" son excelentes opciones.

Ver vídeos u observar a otros durante actividades sociales, como ir al dentista, puede ayudar al niño a reconocer habilidades básicas de cortesía como saludar al médico y seguir instrucciones.

Las historias sociales son otra estrategia que puede ayudar a los niños con autismo a desarrollar habilidades sociales y de autocuidado (Tobik, 2018). Estas historias ilustran cómo se comportan las personas cuando interactúan con otras y las mejores maneras de trabajar con los demás para resolver problemas. Las historias sociales pueden ayudar a un niño a comprender los sentimientos de los demás, regular las emociones y lidiar con cambios inesperados. Los padres también pueden aprender a escribir sus propias historias basadas en el comportamiento de su hijo al familiarizarse con los conceptos básicos de la creación de historias sociales, como elegir los tipos de oraciones a utilizar, crear personajes y determinar el propósito de la historia.

Al implementar estas estrategias en el hogar, los padres y cuidadores pueden ayudar a los niños con trastornos del espectro autista a desarrollar y mejorar sus habilidades sociales en un entorno seguro y de apoyo.

Amigos

El futuro puede parecer incierto y abrumador para los padres de niños con autismo. La pregunta que a menudo pesa mucho en su corazón es si su hijo alguna vez podrá hacer amigos. Este miedo e incertidumbre puede causar noches de insomnio y una serie de otras preocupaciones, como si su hijo podrá asistir a la escuela regular, participar en deportes, encontrar un trabajo y formar una familia. Sin embargo, al tener expectativas realistas y elaborar un plan, puedes ayudar a tu hijo a construir amistades duraderas.

Una experiencia demuestra que con el tiempo, la paciencia y el esfuerzo, los niños con autismo pueden desarrollar vidas sociales sólidas. Después de superar desafíos sociales, su hijo es ahora un adolescente próspero que asiste a la escuela secundaria pública y disfruta pasar tiempo con un pequeño grupo de amigos (Meyers, 2016). Si bien este proceso no fue fácil, las recompensas de ver a tu hijo disfrutar de conexiones sociales valieron la pena. Los padres de niños autistas no deben perder la esperanza. Con el enfoque y el apoyo adecuados, su hijo puede desarrollar amistades que enriquecerán sus vidas.

Establecimiento de amistades

Establecer relaciones amistosas puede tener un gran impacto en el crecimiento personal y el bienestar, pero puede ser un desafío para las personas con TEA debido a las dificultades para percibir señales sociales y responder apropiadamente. Los niños con TEA pueden tener pocos amigos y evitar las interacciones. Sin embargo, tienen muchas cualidades positivas para ofrecer a los demás y necesitan oportunidades para formar relaciones significativas. El uso de diversas estrategias puede ayudarles a construir amistades de apoyo, lo que conduce a una vida más feliz y a la realización de su potencial.

Evaluación de las necesidades

Es crucial diferenciar entre deficiencias de habilidades y deficiencias de rendimiento para determinar la intervención adecuada en las habilidades sociales de los niños. A veces, los niños tienen habilidades pero no las utilizan debido a diversas razones. Los adultos pueden confundir las deficiencias de habilidades con las deficiencias de rendimiento y culpar al niño por falta de motivación. Observar la capacidad del niño para realizar una tarea en múltiples entornos puede ayudar a distinguir entre ambos. Por ejemplo, si un niño solo puede iniciar conversaciones con un padre, puede ser necesario que aprenda a aplicar la habilidad en otros contextos.

Estrategias de intervención

Para promover interacciones sociales positivas en niños neuro-divergentes, pueden ser necesarias estrategias de adaptación o asimilación, o una combinación de ambas, según las necesidades del niño. La adaptación modifica el entorno, como la formación en conciencia del autismo para los compañeros de clase. La asimilación facilita el desarrollo de habilidades. Centrarse en un enfoque sin el otro puede llevar al fracaso de los niños.

Estrategias de adaptación

- Ofrecer oportunidades relacionadas con los intereses del niño: Alentar a tu hijo a participar en actividades alineadas con sus intereses puede ayudarlos a conocer a personas con intereses similares y construir amistades sólidas. Estas actividades pueden brindar oportunidades para participar en actividades agradables, mostrar habilidades y entablar conversaciones con otros.
- Promover la conciencia sobre el autismo: Para mejorar las interacciones sociales de los niños con TEA, educar a sus compañeros y adultos acerca de sus necesidades es útil. Por ejemplo, explicar que algunos niños con autismo pueden no querer que toquen sus pertenencias puede prevenir malentendidos. Tu hijo no está siendo grosero al exhibir comportamientos diferentes; simplemente se están expresando a su manera.
- Encontrar un compañero de grupo: Encontrar un compañero de grupo para tu hijo en diferentes entornos

puede fomentar las interacciones con otros niños. Los compañeros de grupo pueden ayudarlos a adaptarse a nuevas rutinas y fomentar comportamientos sociales de apoyo.

Estrategias de asimilación

- Ayúdalo a comprender qué es un amigo: Para ayudar a tu hijo a comprender qué son las buenas amistades, encuentra puntos en común y explica la diferencia entre relaciones positivas y negativas. Hazlo simple diciendo: "Los amigos son amables; preguntan sobre tus intereses y te ayudan cuando tienes dificultades". O intenta hacer preguntas como: "¿Te gusta estar con personas amables o que te insulten?" (Chen, 2022). Da a tu hijo muchas oportunidades para interactuar y enséñale habilidades sociales. Dependiendo de sus necesidades, puede ser mejor comenzar con algunas amistades antes de explorar más a fondo la idea teórica de la amistad.
- Utiliza guiones y ayudas visuales: El uso de guiones o ayudas visuales puede ayudar a los niños a aprender habilidades conversacionales. Un diagrama puede mostrar cómo comienzan las conversaciones con presentaciones y avanzan hacia temas más profundos como pasatiempos o materias escolares. Preguntas simples como "¿Cómo te llamas?" o "¿A qué escuela vas?" pueden iniciar la conversación (Chen, 2022). Los guiones pueden ayudar a trazar conversaciones y la

práctica puede desarrollar habilidades sociales como responder con "genial" o "gracias".

- Utiliza historias sociales: Los cuentos personalizados pueden enseñar habilidades sociales a los niños sin coacción. Deben ajustarse al nivel de comprensión del niño y captar su interés.

- Juego de roles o ensayo de comportamiento: El juego de roles o el ensayo de comportamiento pueden ayudar a los niños a practicar habilidades sociales en un entorno seguro y estructurado. Pueden usar un guión específico o improvisar, según sus necesidades.

- Utilizar la grabación, reproducción y edición de vídeos: Los vídeos pueden modelar comportamientos y seguir el desarrollo de un niño. Las interacciones satisfactorias pueden grabarse y utilizarse como futuros modelos. Los segmentos de acciones exitosas pueden editarse juntos para los niños que tienen dificultades con la secuencia adecuada. Esto es útil para los que practican las habilidades conversacionales por separado y necesitan verlas combinadas en una sola conversación.

Éxito a largo plazo

El desarrollo de habilidades sociales lleva tiempo, así que sé paciente y planifica para el futuro. Crea un cronograma para el desarrollo realista de habilidades y practica en diversos entornos. Adáptate y considera enfoques efectivos. Recopila datos periódicamente para seguir el progreso y tomar decisiones informadas.

PUNTOS CLAVE Y CONCLUSIONES

Los niños con TEA a menudo necesitan ayuda para adquirir normas sociales y pueden experimentar dificultades con conductas desafiantes cuando interactúan con sus compañeros. Es posible que necesiten orientación para controlar estos comportamientos y desarrollar técnicas de regulación emocional positivas. Aunque las amistades y las interacciones sociales son cruciales para todos los niños, pueden ser especialmente difíciles para los que tienen autismo, ya que pueden tener dificultades para desarrollar y mantener habilidades sociales. No obstante, los amigos proporcionan un sentimiento de pertenencia, enseñan importantes habilidades sociales y permiten que los niños se diviertan jugando con otros.

Existen diversas estrategias efectivas que puedes emplear para apoyar a tu hijo con autismo al establecer vínculos amistosos. Las estrategias de asimilación pueden parecerse a ayudar a otros a comprender mejor el autismo proporcionando información. La adaptación implica adaptar el entorno social para satisfacer las necesidades de tu hijo, como proporcionar ayudas visuales para ayudarlos a entablar conversaciones.

También es esencial enseñar a tu hijo lo que significa tener un amigo, cómo deben ser tratados y cómo tratar a los demás. Esto se puede hacer a través de juegos de roles y modelado de comportamientos sociales positivos. Además, es útil practicar habilidades sociales en diferentes entornos para mejorar y perfeccionarlas. Por ejemplo, puedes ayudar a tu hijo a unirse a grupos sociales, participar en actividades comunitarias y dedicarse a pasatiempos que se alineen con sus intereses. Esto puede proporcionar un entorno natural y de apoyo para que los niños con autismo desarrollen y practiquen sus habilidades sociales.

Recuerda que el desarrollo de habilidades sociales lleva tiempo y paciencia. Sé solidario, comprensivo y celebra cualquier avance que haga tu hijo, por pequeño que sea. Al implementar estas estrategias y ser persistente, los padres pueden ayudar a sus hijos con autismo a construir amistades duraderas y desarrollar habilidades sociales esenciales.

Este capítulo se centró en estrategias relacionadas con el pilar dos, para ayudarte a apoyar el desarrollo de habilidades de tu hijo en lo que respecta a las interacciones sociales. En la próxima sección, cambiaremos nuestro enfoque al pilar cuatro y al pilar cinco. El pilar cuatro proporcionará orientación sobre cómo lidiar con el estrés de cuidar a un niño con autismo mientras se mantienen relaciones positivas con los miembros de la familia a pesar de los desafíos. Además, el pilar cinco ofrece consejos sobre cómo obtener apoyo financiero para criar a un niño con TEA y planificar su futuro.

El próximo capítulo profundiza en cómo el autismo puede afectar a la vida familiar y lo que los padres pueden hacer para fortalecer sus relaciones y desarrollar un plan financiero para su hijo. Reconoce que cuidar a un niño con autismo puede ser estresante y que los padres pueden necesitar apoyo para enfrentar los desafíos que conlleva.

8

MANTENER LA PAZ Y LAS RELACIONES EN LA FAMILIA

La maternidad consiste en criar y celebrar al hijo que tienes, no al que pensabas que tendrías. Se trata de comprender que es exactamente la persona que se supone que debe ser. Y que, si tienes suerte, él puede ser el maestro que te convierta en la persona que se supone que debes ser.

— JOAN RYAN

CUESTIONES FAMILIARES

A crianza de un niño neurodivergente puede ser abrumadora, pero existen estrategias para controlar el estrés y mejorar las relaciones.

El replanteamiento cognitivo, la atención plena, el autocuidado y la búsqueda de ayuda profesional pueden ayudar. El cuidado de relevo, el apoyo de familiares y amigos y la ayuda económica también pueden ser beneficiosos para las familias que afrontan los retos de criar a un niño con autismo. Care.com ofrece una completa colección de valiosos recursos sobre el autismo para padres y cuidadores en:

www.care.com/c/autism-resources-for-parents-and-caregivers

Estos enfoques están en consonancia con los pilares cuatro y cinco del Marco de los cinco pilares, que ofrece orientación sobre cómo gestionar el estrés, mantener relaciones familiares sanas y encontrar apoyo financiero. Es importante reconocer que los retos son anteriores al diagnóstico y a menudo son el resultado del estigma social (Rice, 2021).

EL AUTISMO Y LA VIDA FAMILIAR

El diagnóstico de autismo no sólo afecta al niño diagnosticado, sino también a sus familiares. Los padres de un niño autista se enfrentan a un estrés considerable al tener que gestionar los horarios de las terapias, los tratamientos en casa y hacer malabarismos con las responsabilidades laborales y familiares, agravado por la carga económica que suponen las costosas terapias.

Este estrés puede tener efectos adversos en la vida familiar, y los padres de niños autistas deben conciliar las necesidades de su hijo y las de su familia. Enfrentarse a los retos de criar a un niño autista puede fortalecer las familias y los matrimonios, pero para ello se necesita un sistema de apoyo sólido y mucho trabajo duro.

Padres y cuidadores

Según Psych Central, es crucial reconocer que un diagnóstico de autismo puede afectar significativamente a la vida y la dinámica familiar (Rice, 2021). Esto puede ser desalentador, pero no tiene por qué ser todo negativo. Las salidas familiares, las vacaciones y las tradiciones se pueden seguir disfrutando con algunas modificaciones para adaptarlas a su hijo con espectro autista.

Es importante que las familias sean flexibles y hagan ajustes para que el niño autista se sienta más cómodo, pero manteniendo unas expectativas realistas. Esto puede implicar modificaciones físicas del entorno o cambios de mentalidad y actitud ante los acontecimientos sociales. Con un poco de creatividad y esfuerzo, las familias pueden crear muchos recuerdos divertidos juntos.

No hay que rehuir las actividades que puedan parecer difíciles o abrumadoras. En su lugar, deben seguir haciendo cosas juntos en familia y encontrar formas de adaptar las actividades para satisfacer las necesidades de todos los implicados. De este modo, las familias pueden ayudar a su hijo con autismo a sentirse incluido, apoyado y valorado.

Matrimonio y pareja

Cuando a un niño se le diagnostica autismo, las parejas pueden experimentar dificultades en su matrimonio. Pueden recibir la noticia de forma diferente y tener dificultades para comunicarse sobre el diagnóstico (Applied Behavior Analysis Programs Guide, s.f.). Además, pueden tener expectativas diferentes sobre cómo gestionar los cambios que conlleva tener un hijo con espectro. Encontrar tiempo para estar juntos como pareja también puede ser un reto, exacerbando una situación ya de por sí estresante.

Para resolver estos problemas, las parejas deben hacer un esfuerzo concertado para dar prioridad a su relación. Esto puede implicar programar citas periódicas para pasar tiempo a solas y volver a conectar el uno con el otro. Es esencial mantener abiertas las líneas de comunicación y discutir cualquier preocupación o desacuerdo que surja.

Si trabajan juntos para superar los retos que supone criar a un niño con autismo, las parejas pueden fortalecer su relación y proporcionar un entorno estable y de apoyo a su hijo. Requiere esfuerzo y paciencia, pero con la voluntad de comunicarse y dedicarse tiempo mutuamente, las parejas pueden superar estos retos y fortalecerse como familia.

Hermanos

A los padres también puede preocuparles que el tiempo extra dedicado a las citas y al control del comportamiento repercuta negativamente en sus otros hijos. Sin embargo, esto no significa que los otros niños vayan a sufrir. De hecho, pueden desarrollar empatía y concienciación cuando los padres se comunican con ellos sobre las necesidades especiales de su hermano. Los lazos familiares pueden incluso reforzarse. Mantente positivo y recuerda que cada familia es única cuando consideres cómo puede afectar el autismo a la vida familiar.

Finanzas

Las familias con un hijo autista suelen enfrentarse a problemas económicos, ya que los tratamientos son caros y no están cubiertos por la mayoría de los seguros médicos privados. Los estudios demuestran que pueden experimentar una reducción de hasta el 14% en los ingresos familiares, ya que ambos progenitores luchan por trabajar a tiempo completo (Goally, 2021). La pérdida del empleo puede conllevar la pérdida de la cobertura del seguro médico, lo que afecta aún más a la economía familiar. El asesoramiento familiar puede ayudar a abordar los problemas de comunicación y conyugales, mientras que los padres deben dar prioridad a su propio bienestar y no centrarse únicamente en el niño con autismo.

Guía de recursos financieros

Criar a un hijo con autismo puede pasar factura a la economía familiar, ya que los gastos médicos, las sesiones de terapia y los gastos de viaje pueden acumularse rápidamente. Para gestionar esta situación con eficacia, es crucial evaluar su situación financiera calculando su patrimonio neto y priorizando las deudas. Puede explorar opciones de alivio de la deuda como negociar las facturas, establecer planes de reembolso o buscar ayuda en grupos de apoyo. Los programas de ayuda federal como Medicaid o las cuentas de gastos flexibles pueden ayudar a aliviar los gastos médicos, mientras que las organizaciones benéficas pueden ofrecer subvenciones para gastos específicos como la ayuda a la vivienda (National Debt Relief, 2022).

Se puede planificar el futuro y la independencia de su hijo mediante opciones de educación superior, fideicomisos para necesidades especiales y fondos de emergencia. El coste de criar a un niño con necesidades especiales también puede requerir el traslado a una zona más adecuada, lo que podría aumentar aún más los costes. Por lo tanto, presupuestar y comprender su situación financiera es crucial para gestionar sus finanzas.

Cuando tenga que hacer frente a facturas médicas, puede solicitar facturas detalladas, negociar los costes de antemano o pedir planes de reembolso. El alivio y la consolidación de la deuda también pueden ayudar a las familias que luchan contra la deuda. Además, existen varios grupos y programas de apoyo para ayudar a las familias que crían a niños con autismo.

Planificación financiera

Como padre de un niño con autismo, es importante tener en cuenta su posible nivel de independencia en la edad adulta a la hora de planificar sus finanzas. Entre los factores que hay que tener en cuenta están su posición en el espectro, su capacidad para cursar estudios superiores, tener un trabajo y vivir de forma independiente, y la posible necesidad de cuidados o servicios adicionales. Una vez que tenga esto claro, puede pasar a evaluar su patrimonio neto actual calculando sus activos menos los pasivos, como las cuentas de ahorro, los fondos de jubilación, las inversiones y las deudas, como las cuentas de ahorro, los fondos de jubilación, las inversiones y las deudas, como las cuentas de ahorro, los fondos de jubilación y deudas, como tarjetas de crédito, préstamos estudiantiles, préstamos para coches e hipotecas. Es una buena idea utilizar una plantilla para hacer un seguimiento de tu patrimonio neto y actualizarlo trimestralmente o al menos una vez al año.

A partir de ahí, puedes establecer objetivos financieros para tu familia, incluidos objetivos anuales, quinquenales y a largo plazo. Por ejemplo, saldar deudas, aumentar los ahorros, pagar la entrada de una casa, pagar los préstamos estudiantiles o crear un fondo fiduciario para su hijo. También es importante desarrollar un plan para reducir las deudas, como utilizar el método de la bola de nieve de deudas o el método de la avalancha de deudas, según sus preferencias (Hull, 2020).

Además de reducir las deudas y ahorrar, debe asegurarse de que ambos progenitores tienen un seguro de vida, de salud y de incapacidad adecuado, así como un seguro de empresa, si procede; esto proporcionará una red de seguridad en caso de circunstancias imprevistas. También es importante asegurarse de que su patrimonio está en orden con un testamento, un poder notarial, un testamento vital y la designación de un tutor para sus hijos.

Por último, evalúe sus planes de ahorro, incluida la creación de un fondo de emergencia, el ahorro para la universidad, la jubilación y otros objetivos a largo plazo, y considere el tipo de ahorro que más le conviene, como un plan 401(k) o una cuenta IRA. Tomando todas estas medidas, puede ayudar a asegurar el futuro financiero de su familia y proporcionar tranquilidad para usted y su hijo.

Crear un plan financiero

Es importante empezar pronto a prever un plan financiero para la edad adulta de su hijo. Considere si su hijo está interesado y es capaz de cursar estudios superiores, si puede trabajar y obtener ingresos y si podrá vivir de forma independiente. Si no es así, investigue las opciones de vivienda disponibles y revise los planes de sucesión ya establecidos, como un testamento o un fideicomiso, para asegurarse de que su hijo estará bien atendido cuando usted falte.

Opciones de ayuda económica

Los padres de niños con autismo disponen de numerosas ayudas y prestaciones económicas, como la Seguridad de Ingreso Suplementario (SSI), créditos fiscales, exenciones de Medicaid, cuentas 529A y testamentos y fideicomisos para necesidades especiales (Andreasen, 2022). El SSI es una forma de prestación de la seguridad social dirigida a las familias empobrecidas, y el niño debe tener "limitaciones funcionales marcadas y graves" para tener derecho a ella. Las ventajas fiscales incluyen el reembolso de los gastos médicos y el crédito por cuidado de hijos y dependientes. Las exenciones de Medicaid ofrecen servicios de apoyo y atención, y las cuentas 529A permiten a las personas con necesidades especiales ahorrar dinero sin poner en peligro su derecho a recibir ayudas públicas. Es importante buscar asesoramiento legal a la hora de crear un testamento y un fideicomiso para necesidades especiales, ya que regalar dinero a un hijo puede influir en su elegibilidad para la Seguridad de Ingreso Suplementario (SSI).

El Programa de Dispositivos de Asistencia (ADP) ofrece ayuda económica a los residentes de Ontario con problemas físicos de larga duración, como sillas de ruedas, audífonos y ayudas para la comunicación:

- Ayuda económica: En Estados Unidos existen ayudas económicas para las familias con niños autistas. El coste de criar a un niño con TEA puede ser elevado, a menudo superior a 60.000 dólares al año, y el coste de por vida de cuidar a un niño con necesidades especiales puede oscilar entre 1,5 y 2,4 millones de dólares (Fay, 2022). Sin embargo, hay muchas fuentes de ayuda financiera disponibles, como la Seguridad de Ingreso Suplementario (SSI), las prestaciones de supervivencia de la Seguridad Social y las pensiones de la Administración de Veteranos. El SSI proporciona dinero en efectivo para cubrir las necesidades básicas de alimentos, ropa y alojamiento, y los niños que cumplan los requisitos pueden recibir hasta 841 dólares al mes hasta que cumplan los 18 años. Las Prestaciones de Supervivencia de la Seguridad Social pueden concederse a los hijos menores de 18 años o a los hijos a cargo, y la cuantía recibida depende de los ingresos medios del progenitor a lo largo de su vida. Las pensiones de la VA pueden proporcionar ayuda económica a los dependientes y supervivientes, incluidos los hijos menores y los hijos adultos que quedaron discapacitados antes de cumplir los 18 años. El derecho a las pensiones de la VA no depende de que el veterano tenga una discapacidad relacionada con el servicio.

FORTALEZCA SUS RELACIONES

Su pareja

Ser padres de niños con autismo tiene sus retos, pero también tiene muchos regalos. Los padres que practican el fortalecimiento de su relación de co-paternidad tienden a experimentar menos estrés y a tener experiencias de crianza más positivas. Estos efectos positivos pueden extenderse a todos los miembros de la familia, incluidos los hijos.

Para fortalecer su relación de coparentalidad, los padres de niños con autismo pueden seguir algunas recomendaciones de un programa de formación en coparentalidad (Abdullah, 2021). En primer lugar, pueden reflexionar sobre su historia familiar y sus valores para identificar los valores compartidos que conectan con su historia familiar y reflexionar sobre cómo pueden inculcárselos a sus hijos a la vez que se adaptan a sus necesidades especiales. La creación de una cápsula del tiempo familiar y la redacción de una declaración de misión familiar también pueden ayudar a resumir esta reflexión y debate.

En segundo lugar, los copadres pueden hablarlo escuchándose activamente y evitando la comunicación de desconfirmación. También pueden utilizar declaraciones "yo" para expresar sus necesidades personales, planificar momentos ininterrumpidos de "check-in" y minimizar las distracciones para comunicarse mejor.

En tercer lugar, los padres pueden apoyarse mutuamente reconociendo que trabajar juntos como un equipo puede reducir sus niveles generales de estrés. Pueden compartir lo que

Pueden compartir lo que aumenta sus niveles de estrés, lo que necesitan el uno del otro, y hacer planes para reducir el estrés de cada uno.

Por último, los copadres pueden utilizar el optimismo y el humor cambiando sus perspectivas para ser más optimistas durante los momentos de control y reconociendo cómo el humor puede aliviar el estrés. Poniendo en práctica estas recomendaciones, los padres pueden fortalecer su relación de coparentalidad, lo que puede tener efectos positivos en todos los miembros de la familia, incluidos sus hijos.

Niños

Para los hermanos neurotípicos puede resultar difícil establecer una relación con su hermano autista. Para ayudarles, los padres pueden pasar tiempo de calidad con ellos y responder a sus preocupaciones cuando se sientan frustrados. También pueden planificar actividades que permitan a sus hijos disfrutar del tiempo juntos y establecer tradiciones familiares.

Los padres deben evitar convertir siempre a su hijo neurotípico en el cuidador de su hermano autista (Milestones Autism Resources, s.f.). En su lugar, pueden encontrar oportunidades para que su hijo neurotípico participe en actividades apropiadas para su edad y pase tiempo a solas con él. Los padres también pueden ayudar a sus hijos a explicar su hermano autista a sus amigos y proporcionar un espacio cómodo para que su hijo neurotípico invite a sus amigos. Además, los padres pueden crear un espacio especial para su hijo neurotípico y permitirle tener pertenencias que no tenga que compartir con su hermano autista.

Para ayudar a su hijo autista a establecer vínculos con sus hermanos, los padres pueden destacar los puntos fuertes de su hijo y exponerles las aficiones e intereses de sus hijos neurotípicos. Los padres también pueden trabajar sobre los comportamientos que pueden frustrar a sus hijos neurotípicos e incluirlos a la hora de establecer prioridades para su hermano autista.

Familia extensa

Al principio, los miembros de la familia extensa pueden tener dificultades para aceptar un diagnóstico de autismo debido a los estereotipos comunes. Aunque cada autista es único, existen problemas comunes como las dificultades de comunicación, los comportamientos repetitivos, los problemas de procesamiento sensorial y las dificultades de transición. Es importante que escuchen el proceso de diagnóstico de los padres y sigan estrategias basadas en pruebas en lugar de soluciones rápidas. Apoyar a un miembro autista de la familia implica comprender sus dificultades y su terapia, ser flexible en caso de crisis y cambios de planes, y participar con él en sus intereses. En ocasiones especiales, lo mejor es hablar de antemano sobre el horario y las formas de involucrar al niño, proporcionarle un espacio tranquilo y ser consciente de los problemas sensoriales (Milestones Autism Resources, s.f.). Como padre, explicar los problemas reales y buscar la ayuda de familiares comprensivos puede marcar la diferencia. La diplomacia y el hecho de centrarse en los síntomas o en los problemas más que en el diagnóstico pueden reducir los conflictos con los miembros de la familia que no entiendan.

AFRONTAR EL ESTRÉS

Cuando a un niño se le diagnostica autismo, afecta a toda la familia, pero cada miembro de la familia puede experimentar el estrés de diferentes maneras (Raising Children Network Australia, 2017). Aunque algo de estrés puede ser útil, demasiado puede ser abrumador y dificultar la gestión de las tareas diarias. Por lo tanto, es importante tomar medidas para manejar el estrés en su vida familiar si siente que su familia está luchando para sobrellevarlo.

Cambios sencillos

Como padre de un niño autista, empiece con cambios sencillos para reducir el estrés. Duerma lo suficiente, haga ejercicio y dedique tiempo a sí mismo. Incluso los cambios más pequeños, como ralentizar su rutina o pedir ayuda, pueden ayudar. Cuidarse a sí mismo puede beneficiar también al funcionamiento de su hijo.

Realidad

Los padres de niños con autismo pueden preocuparse excesivamente por el desarrollo de su hijo y los retos futuros. Para controlar el estrés, concéntrese en la realidad presente y en lo que puede controlar. Pregúntese: "¿Cuál es mi responsabilidad conmigo mismo y con mi hijo hoy?" (Smith, 2020).

Escaparse fuera del trabajo

Los padres de niños con autismo a menudo confían en el trabajo como un descanso del cuidado, pero es importante que tengan tiempo y espacio fuera del trabajo para el autocuidado.

Aunque algunos pueden preocuparse por la adaptación de su hijo a un nuevo cuidador, permitir que el niño interactúe con otros adultos puede ser beneficioso para todos.

Su pueblo

Los padres de niños con TEA experimentan menos estrés cuando cuentan con sistemas de apoyo. Asigne tareas específicas a los familiares y amigos que ofrezcan ayuda e indíqueles recursos para obtener más información. Considere añadir organizaciones, lugares de culto, escuelas y grupos comunitarios a su sistema de apoyo.

Profesionales

La ayuda profesional puede ayudar a controlar los niveles de estrés, incluso si la terapia o el asesoramiento regular no son una opción. Considere una cita con el fisioterapeuta para garantizar una buena salud física y descartar complicaciones relacionadas con el estrés. Las organizaciones de autismo, las escuelas locales o los hospitales también pueden poner en contacto a los cuidadores con grupos de apoyo para niños del espectro, reduciendo el estrés y proporcionando valiosos recursos.

Estrategias de afrontamiento

Las investigaciones demuestran que centrarse en buscar ayuda, resolver problemas y encontrar sentido a las experiencias tiene mejores resultados para los padres que evitar las emociones y los factores estresantes (Johnson, 2021). El apoyo social, ya sea de la familia, amigos, otras familias con TEA, escuelas, profesionales o comunidades en línea, también puede aliviar el estrés de los padres. Otros mecanismos de afrontamiento considerados significativos para reducir el estrés incluyen:

Optimismo

Para cultivar el optimismo, cambie sus pensamientos de por qué suceden las cosas a qué se puede hacer para cambiarlas. Por ejemplo, cuando un proveedor de servicios favorito se marcha, un padre pesimista puede culparse por su marcha, mientras que un padre optimista puede atribuirlo a la mala suerte y centrarse en ayudar a que el siguiente proveedor tenga éxito (Johnson, 2021). El pensamiento pesimista conduce al sentimiento de impotencia, mientras que el pensamiento optimista conduce a soluciones proactivas.

Aceptación emocional

La aceptación es una estrategia de afrontamiento que puede reducir el estrés de los padres, ya que comparar a un niño autista con niños no autistas puede causar ansiedad. Reconocer que un niño autista necesita adaptaciones específicas, como servicios educativos adicionales y un enfoque de crianza único, puede aliviar parte de la angustia de los padres.

Reencuadre cognitivo

El replanteamiento cognitivo es una técnica de afrontamiento muy útil para las familias con niños con diferencias. Los padres pueden ver las situaciones difíciles como problemas manejables en lugar de culpar al niño. Esto les ayuda a encontrar soluciones a los problemas.

Atención plena

Los programas de atención plena, que incluyen meditación, yoga, concentración física y liberación del pensamiento, pueden reducir el estrés en los padres de niños autistas, según los estudios realizados (Johnson, 2021). Estos programas también incluyen discusiones sobre los factores estresantes y estiramientos ligeros. Los padres que participan en ellos informan de una mejora del sueño, la salud y un aumento de la autocompasión y el bienestar, con una disminución del estrés y la depresión. Un estudio que combinaba mind- fulness con entrenamiento en apoyo conductual positivo también redujo el estrés de las madres y el comportamiento agresivo de los niños (Singh et al., 2019). Los padres pueden mejorar su salud, su felicidad y beneficiar a su hijo autista y a su familia reconociendo y aliviando las situaciones de estrés crónico.

DEJAR A SU HIJO

Como padre de un niño con autismo, cuidar de su hijo puede ser una tarea desalentadora. Es importante establecer quién cuidará de su hijo y asegurarse de que es alguien en quien confía plenamente. Nuestros hijos son vulnerables y necesitan una atención especial.

Crear un calendario puede ayudarte con las rutinas y los horarios. Puede que necesites un calendario mensual, semanal o diario para controlar las citas, las sesiones de terapia y otros acontecimientos importantes. También es importante tener todos los números de teléfono necesarios en un lugar visible de la casa. Anote los números que puedan ser importantes, como los de médicos, terapeutas o contactos de emergencia.

Asegúrese de tener una lista de medicamentos necesarios y un horario. Incluya todas las vitaminas y medicamentos que su hijo necesite, junto con las horas y cantidades en que deben tomarse. Hablar con su hijo sobre lo que va a ocurrir también es crucial. Los niños con autismo prosperan con las rutinas y los horarios, por lo que es esencial repasar cualquier cambio con su hijo, repetirlo y recordárselo para que la transición sea más fácil (Nedeoglo, 2019).

GRUPOS DE APOYO

Los grupos de apoyo tienen un valor incalculable para los padres de niños con autismo. Ofrecen un espacio inclusivo y sin prejuicios para compartir experiencias y estrategias de afrontamiento. Se garantiza la confidencialidad, y los grupos de apoyo también pueden proporcionar información sobre los recursos disponibles y ayudar a los padres a convertirse en defensores de sus hijos. A través de los grupos de apoyo, los padres pueden comprender mejor el autismo y sentirse más seguros de su capacidad para tomar decisiones informadas sobre el cuidado de sus hijos. Esta comunidad de personas comprende los retos únicos a los que se enfrentan los padres de niños autistas.

Hay numerosos grupos de apoyo a disposición de los padres de niños autistas que ofrecen una plataforma de conexión, recursos y apoyo. El Autism Support Group y la Autism Society proporcionan diversos recursos y apoyo a las familias afectadas por el autismo. Parenting Autism ofrece foros en línea, recursos educativos y una red de padres y cuidadores que pueden empatizar con los retos de criar a un niño con autismo. Autism Now ofrece información sobre servicios relacionados con el autismo y apoyo a particulares y familias. MyAutismTeam es una red social que permite a los padres conectar con otros padres, compartir consejos y apoyo y acceder a recursos. Por último, Dads 4 Special Kids es un grupo de apoyo específico para padres de niños con necesidades especiales, incluido el autismo, que ofrece recursos, oportunidades de establecer contactos y un espacio seguro para que los padres compartan sus experiencias y se pongan en contacto con otras personas en situaciones similares.

Hay muchos grupos de Facebook para padres y personas afectadas por el autismo y otras afecciones relacionadas. Estos grupos ofrecen una comunidad de apoyo y recursos para afrontar los retos del autismo. El Grupo de Apoyo para el Autismo y el Síndrome de Asperger es uno de ellos y ofrece un espacio para que las personas afectadas por el autismo y el síndrome de Asperger se conecten y compartan sus experiencias.

Parenting Asperger's Children es un grupo específico para padres de niños con síndrome de Asperger, mientras que Parenting Defiant Children and Teens ofrece apoyo y recursos a los padres que se enfrentan al comportamiento desafiante de sus hijos, incluidos los autistas. También hay grupos de Facebook dirigidos a padres de niños autistas de alta func-ción.

tioning autistic children, como Parenting High- Functioning Autistic Children y Parenting Children With Level 1 Autism.

Facebook también ofrece varios grupos para parejas y cónyuges de personas con autismo, como Relationships with Asperger's Spouses and Partners, Relationships With Partners On The Autism Spectrum y Women in Relationships with Asperger's Men.

Para los adultos con Asperger y autismo de alto funcionamiento, existen grupos de Facebook, como Adults with Asperger's and High-Functioning Autism, que ofrecen una comunidad de apoyo y recursos para gestionar la vida con estas afecciones. Por último, Support for Women on the Autism Spectrum (Apoyo para mujeres con autismo) es un grupo específico para que las mujeres con autismo se conecten y compartan sus experiencias.

PUNTOS CLAVE Y CONCLUSIONES

Después de leer este capítulo, estará mejor preparada para gestionar el estrés económico y mejorar las relaciones al criar a un hijo con autismo. Busque apoyo financiero y utilice los programas disponibles para ayudar con los gastos relacionados con la terapia, la educación y la atención médica. Las estrategias para mejorar las relaciones familiares incluyen implicar a los hermanos en la terapia y abordar los conflictos con los miembros de la familia extensa. Recuerde que criar a un hijo con autismo puede unir más a las familias. Este capítulo se ha centrado en los pilares cuatro y cinco del marco de los cinco pilares, que ofrecen orientación sobre cómo gestionar el estrés, mantener relaciones familiares sólidas y encontrar apoyo económico. El capítulo final explorará métodos para promover el desarrollo del carácter y mejorar las habilidades para un futuro exitoso.

9

AYUDE A SU HIJO A DESARROLLARSE

Los niños tienen que estar expuestos a cosas diferentes para desarrollarse. Un niño no va a descubrir que le gusta tocar un instrumento musical si nunca le has expuesto a ello.

— TEMPLE GRANDIN

PROSPERAR, NO SOBREVIVIR

N este capítulo, profundizaremos en las estrategias que los padres pueden utilizar para ayudar a sus hijos autistas a descubrir y desarrollar su potencial intrínseco, con el fin de ayudarles a crecer.

potencial inherente, con el fin de prepararles para el éxito en la vida. Este capítulo se ajusta al segundo pilar del marco de los

Cinco Pilares, que se centra en fomentar el crecimiento del carácter, liberar el potencial inherente y mejorar las capacidades. Aprovechando sus puntos fuertes, los padres pueden ayudar a sus hijos a desarrollar todo su potencial y, al mismo tiempo, afrontar sus dificultades de forma positiva y con apoyo.

Algunas de las estrategias que se explorarán en este capítulo incluyen la identificación de los puntos fuertes e intereses únicos del niño, proporcionando oportunidades para la exploración y el crecimiento, estableciendo objetivos alcanzables y celebrando los éxitos a lo largo del camino. Al fomentar el potencial inherente de los niños con TEA, los padres pueden ayudarlos a superar sus desafíos y alcanzar sus metas. Esto no sólo mejora su calidad de vida, sino que también les permite convertirse en personas de éxito que pueden contribuir positivamente a la sociedad. A través de estas estrategias, los padres pueden liberar los dones y talentos únicos de sus hijos, ayudándoles a alcanzar su pleno potencial y lograr el éxito en su vida personal y profesional.

EL COCIENTE INTELECTUAL A LO LARGO DEL TIEMPO

Un estudio reciente realizado por investigadores del Instituto MIND de la Universidad de California en Davis revela que los niveles de inteligencia de los niños autistas de entre 2 y 8 años no permanecen estables (Solomon et al., 2017). El estudio examinó las puntuaciones de CI de 102 niños, entre ellos 20 niñas, a los 2 o 3 años de edad, y luego de nuevo entre los 6 y los 8 años. En función de sus cambios de CI, los niños se agruparon en cuatro categorías: dos mostraron mejoras de CI, mientras que los otros dos mostraron cociente intelectual estable o decreciente. Un total del 55% de los niños experimentaron mejoras en su CI a medida que crecían, lo que se tradujo en una reducción de las conductas de interiorización y exteriorización con el paso del tiempo. Sin embargo, el estudio tenía un alcance limitado, ya que no incluía a niños de zonas rurales o de bajos ingresos, por lo que es posible que no refleje una tendencia nacional más amplia. El estudio también descubrió que los distintos grupos presentaban patrones distintos de cambio en las habilidades de comunicación y en la gravedad del autismo.

Superdotación

La superdotación se caracteriza por una capacidad extraordinaria, un coeficiente intelectual elevado, o ambas cosas, que conducen a una forma diferente de experimentar el mundo. Los niños superdotados presentan características únicas, como un aprendizaje más rápido, una memoria más aguda y una mayor complejidad en el pensamiento y el razonamiento. Un cociente intelectual igual o superior a 130 se considera superdotado, pero para identificarlo se necesitan evaluaciones cognitivas que vayan más allá de las pruebas de cociente intelectual. La superdotación y el rendimiento académico no son lo mismo, y un alumno superdotado puede tener dificultades en la escuela si carece de interés o está ansioso, frustrado o deprimido. Los niños superdotados pueden sacar peores notas si la educación temprana es demasiado fácil, lo que les lleva a carecer de técnicas de estudio y de ética de trabajo. Los alumnos superdotados tienen un desarrollo desigual y una mayor sensibilidad emocional que los de alto rendimiento. Algunos programas para superdotados pueden incluir a alumnos con altas capacidades, pero no necesariamente a alumnos superdotados según criterios de rendimiento.

Inteligencia y autismo

Uno de cada 59 niños en EE.UU. padece autismo, y el 70% tiene una discapacidad intelectual o un cociente intelectual inferior a 70 (Lovering, 2021). El 30% restante tiene una inteligencia que oscila entre la media y la superdotada, ya que el autismo y la inteligencia son características separadas. Sin embargo, algunos rasgos son comunes entre la superdotación y el autismo, como el idealismo, la concentración intensa, el alto impulso de aprendizaje, las diferencias sensoriales, la imaginación vívida, la dificultad para permanecer quieto, los desafíos con la regulación emocional, la experiencia de nicho y el pensamiento lógico/preciso y divergente.

Dos veces excepcional

Dos veces excepcional, o 2e, se refiere a individuos que tienen tanto superdotación intelectual como una diferencia neurobiológica, un problema de habilidades motoras o una discapacidad de aprendizaje como autismo, dislexia, TDAH o dispraxia (Lovering, 2021). Aunque la superdotación y el autismo son rasgos separados, la superdotación puede compensar otros problemas pero también intensificarlos, lo que puede causar barreras para el diagnóstico y retrasar el apoyo.

IDENTIFICAR EL TALENTO

Los niños autistas pueden tener dificultades para desarrollar el lenguaje y las habilidades motoras, lo que puede resultar desalentador para sus padres, que desean que progresen como sus compañeros. Sin embargo, es importante tener paciencia y explorar vías alternativas para descubrir sus talentos ocultos. La evidencia sugiere que tener un diagnóstico de autismo no significa que un niño no pueda hacer grandes cosas. Encontrar estos talentos puede requerir métodos poco convencionales, pero con perseverancia es posible animar a un niño autista a florecer.

Interés

Como padre de un niño autista diagnosticado formalmente, es fundamental observar sus actividades e intereses para descubrir posibles talentos. A menudo, sus obsesiones pueden indicar talentos ocultos. Es beneficioso fomentar y desarrollar estas habilidades, ya que pueden mejorar la moral del niño, así como la del cuidador.

Descubrir los intereses y habilidades de su hijo puede ayudarle en la búsqueda de empleo. Por ejemplo, mi nieto tiene unos conocimientos informáticos excepcionales y sabe clasificar y organizar; por lo tanto, la reparación de teléfonos móviles sería una ocupación excelente para él. Actualmente es voluntario en una biblioteca, donde clasifica y reordena libros. Además, tiene un trabajo remunerado en una organización sin ánimo de lucro donde prepara artículos para venderlos, clasificándolos y fijando su precio. Gracias a su impresionante capacidad de concentración, puede trabajar durante varias horas, y tanto él como sus empleadores disfrutan del trabajo.

Evaluación

En la terapia ABA, los terapeutas observan el comportamiento, las emociones y otras actividades tácitas del niño para encontrar el enfoque más eficaz (Morrison, 2021). Analizan el comportamiento del niño en diversos entornos, identificando los desencadenantes y los resultados. También buscan talentos latentes que puedan desarrollarse y colaboran con los padres para crear un plan de tratamiento. Los puntos fuertes del niño en determinadas áreas pueden comunicarse a los colegios.

Tratamiento

El tratamiento precoz beneficia a los niños autistas al descubrir talentos ocultos. Los terapeutas trabajan con los padres para crear planes individualizados basados en los puntos fuertes y las necesidades de cada niño. Desarrollar la confianza y la independencia requiere tiempo y paciencia. Los terapeutas ABA pueden animar a los padres a apoyar los intereses evolutivos de sus hijos, como el arte o los deportes (Morrison, 2021).

Exposición y experiencia

Los niños autistas pueden encontrar formas alternativas de expresarse a través del arte y otras formas de expresión. Con las herramientas y el apoyo adecuados, pueden perseguir sus intereses y comunicar sus preferencias.

Interpretaciones

La exposición de los niños autistas a formas de arte como la música y las artes visuales puede mejorar su pensamiento independiente y su capacidad de interpretación. Los terapeutas ABA pueden ayudar a los padres a identificar los puntos fuertes y los nichos de su hijo, fomentando así la interpretación y la exploración (Morrison, 2021).

Actividades sensoriales divertidas

Involucrar a los niños en actividades sensoriales puede ser una gran manera de fomentar la autoexpresión y la exploración. Pintar huellas dactilares y plantares, hacer limo y plastilina perfumada son algunos ejemplos de actividades sensoriales que pueden proporcionar una experiencia supersensorial. Para las actividades al aire libre, una cocina de barro puede ser una opción excelente para que los niños creen y experimenten con barro, agua, cuencos y diversos utensilios (Foster Care Associates, 2022). Crear instrumentos musicales, un océano sensorial con arena y agua, pintar con comida y juguetes en gelatina también puede ser divertido para los niños. Otra idea es montar una estación de vertido con botellas, jarras, vasos y recipientes de diferentes tamaños para animar a los niños a verter agua de un recipiente a otro, aprender habilidades motoras finas y mezclar colores. Estas actividades pueden ser una forma estupenda de implicar a los niños y fomentar su desarrollo.

CAMBIAR DE ESCUELA

El Departamento de Educación de los Estados Unidos establece que todos los niños, independientemente de sus capacidades, tienen derecho a recibir una educación gratuita en un entorno que no sea excesivamente restrictivo (Sarah Dooley Center for Autism, 2018). Para los niños con autismo, esto puede significar la transición de una escuela específica para el autismo a una escuela ordinaria durante parte o la totalidad de su jornada. Sin embargo, los padres pueden sentirse ansiosos sobre si su hijo está listo para prosperar en un entorno académico diferente sin el apoyo especializado que ofrece la escuela de autismo.

Es importante saber que los educadores evalúan cuidadosamente las capacidades y habilidades de cada niño antes de recomendar la transición de una escuela de autismo a una escuela ordinaria.

Áreas de evaluación

Académica

Para asistir a la escuela, el niño debe estar preparado académicamente y los educadores deben evaluar su capacidad para comprender las asignaturas, estudiar, cumplir las expectativas, adaptarse a los estilos de enseñanza y seguir el ritmo de sus compañeros. Los educadores evalúan las opciones de colocación si existen lagunas académicas para garantizar que el niño pueda encajar académicamente. El grado escolar del niño es importante, y antes de cambiar de colegio debe satisfacer las exigencias específicas de cada grado. Aunque ponerse al día es habitual, evaluar las lagunas académicas es importante para el éxito en la nueva escuela.

Emocional

El cambio de colegio implica muchos cambios para el niño, como un transporte diferente, retos académicos y nuevos compañeros y profesores. El equipo de evaluación valorará las habilidades del niño para resolver problemas, su resiliencia y su capacidad para manejar y aceptar el cambio a la hora de evaluar su preparación para esta transición.

Comportamiento

Para realizar la transición a un entorno ordinario, el niño autista debe demostrar que es capaz de desenvolverse en la nueva escuela sin comportamientos negativos. Pueden permitirse adaptaciones como herramientas de inmovilización y movimiento físico, pero el niño debe poseer habilidades de afrontamiento y un comportamiento adecuado para garantizar un entorno tranquilo y seguro para todos.

Social

Antes de pasar a una escuela ordinaria, el niño con autismo debe estar preparado para enfrentarse a un entorno social diferente, como clases numerosas, pasillos abarrotados y expectativas sociales diferentes. Esto implica comprender y mostrar un comportamiento social aceptable, controlar el acoso, hacer amigos y controlar los impulsos. Estas habilidades sociales demuestran a los educadores que el niño está preparado para la transición, aunque el desarrollo social seguirá produciéndose con el tiempo.

Comunicación

Para pasar con éxito a un entorno ordinario, el niño necesita una buena capacidad de comunicación para relacionarse con sus compañeros y profesores. Es esencial que defienda sus intereses, participe en debates, pida ayuda y lea las señales no verbales para desenvolverse en el nuevo entorno escolar.

Independencia

Un niño escolarizado en un centro ordinario debe ser bastante independiente, ya que la asistencia de los profesores es limitada. Puede contar con un ayudante o un asistente personal a través de su Programa Educativo Individualizado, pero el niño se desenvolverá principalmente en la escuela de forma independiente. Los educadores se aseguran de que el niño pueda hacer frente a las exigencias académicas, sociales y de comportamiento.

Opciones alternativas

Cuando un niño con autismo se traslada a una escuela ordinaria, deben evaluarse su preparación y sus necesidades. Una transición gradual o a tiempo completo puede ser adecuada, y existen varias opciones para facilitarles la entrada en el nuevo entorno. Por ejemplo, asistir a una clase más numerosa en el centro de autismo, asistir a una clase ordinaria de arte, educación física o matemáticas, participar en una clase de inclusión y recibir apoyo académico y emocional, como un ayudante, un tutor o un terapeuta ocupacional. La colaboración con los educadores y los equipos de apoyo es esencial para determinar el mejor enfoque para las necesidades y capacidades únicas del niño.

Transición

Los educadores evalúan las habilidades y capacidades del niño para determinar si está preparado para la transición de una escuela de autismo a una escuela ordinaria. Es fundamental que comparta sus propias observaciones y puntos de vista a la hora de elegir un entorno escolar que anime a su hijo autista a aprender, crecer y triunfar en el futuro.

Defender a su hijo

Defender a su hijo autista en la escuela puede ser todo un reto. Para ser eficaz, la Dra. Emma Goodall, asesora en autismo, recomienda ser positivo y constructivo, preguntar sobre planes de apoyo y apoyo a la comunicación, ser flexible y realista, establecer una comunicación clara con los profesores y proporcionar un plan de apoyo sensorial conciso (Churchman & Saunders, 2019). Céntrese en lo que los profesores necesitan saber sobre su hijo en lugar de en un análisis extenso.

TRANSICIÓN A LA ADOLESCENCIA

Los padres de adolescentes con trastorno del espectro autista (TEA) pueden preguntarse cómo afectarán a su hijo los cambios físicos y hormonales de la adolescencia. Las investigaciones aún son limitadas, pero cabe esperar algunos cambios, como mejoras en las habilidades de la vida diaria y en el comportamiento. Sin embargo, puede haber más retos durante la adolescencia, como la aparición de convulsiones, ansiedad y problemas de funcionamiento ejecutivo. El funcionamiento ejecutivo es la capacidad de planificar, recordar experiencias pasadas, trabajar en grupo, mantener el autocontrol y cambiar de rumbo si es necesario. Los adolescentes con TEA tienden a madurar a un ritmo más lento en las habilidades ejecutivas, lo que puede crear problemas en la escuela secundaria cuando las demandas sobre los adolescentes aumentan drásticamente. Los colegios y los padres pueden ayudar proporcionando apoyo externo al adolescente, como una comunicación frecuente entre padres y colegio y dividiendo los proyectos complejos en pasos más pequeños.

Prosperidad adolescente

Criar a un adolescente con autismo puede ser todo un reto debido a los importantes cambios que conlleva la adolescencia. Para ayudar a su hijo a prosperar durante esta etapa, fomente la independencia, promueva las habilidades sociales, fomente la comunicación, prepárese para los cambios y fomente una autoestima positiva. Los adolescentes con autismo pueden tener dificultades para comunicarse y establecer relaciones, lo que conduce al aislamiento y a un aumento de la ansiedad y la depresión. Sin embargo, con la terapia ABA y el apoyo de padres y cuidadores, pueden desarrollar habilidades para interactuar con éxito con sus iguales (ABA Centers of America, 2022). Busque ayuda de profesionales, mantenga abierta la comunicación y céntrese en sus puntos fuertes. Con el sistema de apoyo adecuado, los adolescentes con autismo pueden superar los retos y participar en sus comunidades.

Jóvenes adultos productivos

Los hitos a los que deben aspirar las personas con TEA a medida que crecen variarán en función de sus necesidades individuales. En el caso de las personas con retrasos graves en el desarrollo, los resultados positivos pueden incluir la integración en la escuela y en entornos comunitarios a los 6 años, el desarrollo de habilidades de funcionamiento adaptativo, la reducción de los niveles de apoyo necesarios y la formación de conexiones sociales. En el caso de las personas con retrasos más leves, los resultados satisfactorios pueden incluir la integración en aulas ordinarias, la creación de una red comunitaria y la necesidad de un apoyo adicional limitado para situaciones sociales más complejas. Los objetivos de los adultos y adolescentes con problemas graves de desarrollo pueden incluir funcionar con el apoyo de la comunidad, minimizar el comportamiento agresivo, contribuir a las oportunidades vocacionales y lograr una vida semiautónoma. Mientras tanto, aquellos con retrasos más leves pueden esforzarse por mantener relaciones y amistades, tener éxito en la escuela y el trabajo, un menor riesgo de problemas de salud mental y necesidades terapéuticas limitadas. Con el apoyo y el tratamiento adecuados, las personas con TEA pueden tener éxito en casi cualquier profesión.

Vida independiente

Los padres de niños autistas pueden tomar varias medidas para fomentar la independencia de sus hijos y ayudarles a llevar una vida plena. En primer lugar, ponerse en contacto con grupos locales de padres como Matrix, la Autism Society of America y

Autism Speaks puede proporcionar recursos valiosos e información sobre proyectos residenciales innovadores (Kaplan, 2021). Asumir un papel de liderazgo en estas reuniones puede ser especialmente útil. En segundo lugar, es esencial sentar unas bases sólidas fomentando la independencia desde el principio. Los padres pueden animar a sus hijos a participar en actividades cotidianas como vestirse solos, poner la ropa en el cesto de la ropa sucia, clasificar la ropa, elegir su ropa y guardar la ropa una vez lavada. También se puede enseñar a los niños a desnudarse y hacer la cama, poner la mesa, llevar los platos terminados al fregadero y cargar el lavavajillas. A medida que los niños crecen, los padres pueden aumentar gradualmente sus responsabilidades, como llevarles de compras y aumentar gradualmente el número de artículos que tienen que encontrar. Otras actividades que pueden fomentar la independencia son enseñar a los niños a cambiar las bombillas, participar en el baño o la ducha y seguir una lista de pasos para lavarse y enjuagarse el cuerpo. Tomando estas medidas, los padres pueden ayudar a sus hijos a desarrollar las habilidades y la confianza que necesitan para convertirse en adultos independientes.

HISTORIAS

A pesar de las dificultades a las que pueden enfrentarse las personas con TEA, como la dificultad para comunicarse y mantener amistades, los intereses obsesivos y el retraso en el habla, estos 15 individuos no han dejado que esas dificultades les impidan alcanzar sus sueños. Estos líderes empresariales, intelectuales, artistas y otras personas con autismo de gran éxito han inspirado a millones de personas, y seguro que sus historias también le inspirarán a usted (Skibitsky, s.f.).

Dra. Temple Grandin

Temple Grandin es una persona muy inspiradora: a pesar de que le diagnosticaron autismo de niña y de que no habló hasta los tres años y medio, aprendió a hablar con la ayuda de un logopeda y escribió Emergence: Etiquetado como autista, un libro innovador que ofrecía una visión de la vida y los pensamientos de una persona con autismo. La Dra. Grandin es una prolífica escritora y conferenciante que se centra tanto en el autismo como en el comportamiento animal. Actualmente es catedrática de Ciencia Animal en la Universidad de Colorado. University y ha sido nombrada "el adulto con autismo más consumado y conocido del mundo". En 2010, la revista Time la nombró una de las 100 personas más influyentes del mundo, y su vida fue objeto de una película biográfica protagonizada por Claire Danes, que ganó un premio Emmy por su interpretación.

Wolfgang Amadeus Mozart

Mozart mostraba probablemente signos de Tourettes y Asperger, según los expertos que le diagnosticaron retrospectivamente. Estos rasgos no afectaron a su creatividad ni obstaculizaron su progreso. Compuso más de 600 obras y se le considera uno de los mejores compositores de la historia. Muchas de sus obras siguen considerándose los mejores ejemplos de la música clásica.

Satoshi Tajiri

Satoshi Tajiri, diagnosticado de síndrome de Asperger, creó Pokémon combinando su afición por coleccionar insectos y la Game Boy de Nintendo. La franquicia se ha convertido en la más exitosa de los medios de comunicación, valorada en 15.000 millones de dólares, con juegos, libros, películas y merchandising. Tajiri confirmó su diagnóstico de Asperger, pero prefiere dejar que su obra hable por sí misma.

Emily Dickinson

Emily Dickinson, poetisa de renombre, podría haber pertenecido al espectro autista, según el libro de Julie Brown "Writers on the Spectrum", de Julie Brown. La epilepsia de Dickinson es bien conocida, pero sus extravagantes comportamientos y características también se atribuyen al autismo.

Anthony Ianni

A Anthony Ianni le diagnosticaron PDD-NOS (Trastorno Generalizado del Desarrollo No Especificado, antes un subtipo de autismo) y los médicos le dijeron que no conseguiría mucho en la vida. Pero utilizó esta predicción como motivación para lograr grandes cosas, convirtiéndose en la primera persona con autismo en jugar al baloncesto en Primera División y ganando el Campeonato Nacional de la NCAA con los Michigan Spartans en 2000. Hoy es un orador motivacional que anima a los jóvenes con autismo a perseguir sus sueños sin limitaciones.

Sir Anthony Hopkins

Sir Anthony Hopkins, el oscarizado protagonista de El silencio de los corderos y otras películas clásicas, ha hablado abiertamente de su diagnóstico de Asperger de alto funcionamiento. A pesar de que la gente le cae realmente bien, reveló en una entrevista que el hecho de pertenecer al espectro le ha hecho tener menos amigos y asistir a menos fiestas. No obstante, Sir Anthony se ha convertido en uno de los actores de más éxito de su generación y es querido por millones de personas.

Albert Einstein

Einstein no necesita presentación, ya que es una de las personas más exitosas con autismo. Desarrolló la teoría de la relatividad, $E=MC2$, y es considerado uno de los científicos más influyentes de su generación. Sin embargo, no todo el mundo sabe que cumplía muchos de los criterios del autismo. No habló hasta los tres años y enseguida pronunció frases completas. Su inflexible insistencia en las rutinas y su dificultad para relacionarse con la gente llevaron a muchos analistas a creer que le habrían diagnosticado TEA si le hubieran hecho las pruebas en vida.

Dani Bowman

Dani Bowman lleva inspirando a compañeros jóvenes con espectro autista desde una edad temprana, a diferencia de otros que esperan hasta la edad adulta. Es una ilustradora y animadora de gran talento que fundó su propia empresa, DaniMation Entertainment, a los 11 años y empezó a trabajar en la industria de la animación a los 14 años. Bowman es una apasionada defensora del autismo y oradora pública que anima a las personas con TEA y discapacidades a alcanzar todo su potencial, perseguir sus sueños y lograr sus objetivos.

Andy Warhol

Andy Warhol, conocido por su excentricidad y su arte pop, nunca fue diagnosticado de autismo. Sin embargo, muchos expertos creen que mostraba características similares al autismo, como ineptitud social y dificultad para reconocer a sus amigos. Utilizaba Hablaba con pocas palabras e insistía en la rutina y la uniformidad. La mayoría de los expertos sugieren que padecía Asperger, pero eso no le impidió convertirse en un artista icónico.

Daryl Hannah

Daryl Hannah, conocida por sus papeles en películas de gran éxito como Blade Runner, Wall Street y Magnolias de acero, ha comentado en entrevistas cómo el diagnóstico de su síndrome de Asperger afectó a su carrera. Ha expresado sentirse socialmente incómoda en estrenos y eventos, y cómo su comportamiento debido al Asperger la había llevado a sentirse "prácticamente en la lista negra" de la industria del cine. Sin embargo, Hannah perseveró y siguió triunfando, apareciendo en películas aclamadas por la crítica como Kill Bill, así como en otras películas populares y producciones teatrales.

Dan Aykroyd

Dan Aykroyd, actor canadiense, ha revelado públicamente que de niño le diagnosticaron Tourette y Asperger. Ha atribuido a su fijación por los fantasmas, que se deriva de los rasgos obsesivos del autismo, la inspiración para crear la película Los Cazafantasmas.

Susan Boyle

La aparición de Susan Boyle en el programa de televisión británico Britain's Got Talent fue recibida inicialmente con burlas debido a su aspecto tímido y torpe. Sin embargo, su impresionante voz acalló a los detractores y se ganó al público. La carrera de Boyle vendió más de 14 millones de discos, agotó todas las entradas de sus conciertos y se ganó un gran número de seguidores, todo ello mientras vivía con el síndrome de Asperger, un diagnóstico que para ella fue un "alivio", ya que le ayudó a comprender y aceptar su singularidad.

Clay Marzo

Clay Marzo, a pesar de que le diagnosticaron síndrome de Asperger, se convirtió en una de las estrellas más innovadoras e influyentes del campeonato de surf. De niño ganó competiciones de natación y a los 11 años quedó tercero en los Nacionales de la National Scholastic Surfing Association (NSSA), lo que le llevó a fichar por el equipo Quicksilver. Cuatro años más tarde, se convirtió en el primer surfista en lograr dos 10 perfectos en la historia de la NSSA y ganó el campeonato nacional. Marzo protagonizó el documental "Clay Marzo: Just Add Water", en el que hablaba de sus logros y de su experiencia con el Asperger. Actualmente es voluntario de Surfers Healing, una organización benéfica que enseña a surfear a jóvenes con autismo.

Tony DeBlois

Tony DeBlois, que nació ciego, empezó a tocar el piano cuando sólo tenía dos años, demostrando un talento natural para el instrumento. Sin embargo, sus habilidades no se limitaban sólo al piano. A pesar de estar diagnosticado de autismo, domina más de 20 instrumentos y puede interpretar hasta 8.000 piezas musicales de memoria. DeBlois ha publicado varios álbumes, ha realizado giras por todo el mundo y ha sido el protagonista de una película para televisión basada en su vida.

Dr. Vernon Smith

Al Dr. Vernon Smith, profesor pionero de economía, se le atribuye la invención de la economía experimental, que le valió el Premio Nobel de Ciencias Económicas en 2002. Ha hablado abiertamente de su síndrome de Asperger y atribuye gran parte de su éxito a su autismo, afirmando que no se siente socialmente obligado a ajustarse a la forma en que los demás abordan los problemas económicos.

PUNTOS CLAVE Y CONCLUSIONES

En el último capítulo de nuestro libro, nos centramos en el segundo pilar del marco de los cinco pilares, que ofrece a los padres estrategias prácticas para ayudar a sus hijos con TEA a descubrir su potencial y cultivar sus dotes para el éxito. Ofrecimos consejos para encontrar el programa educativo adecuado, prepararse para la transición a la edad adulta y desarrollar habilidades para la vida y la formación laboral. La clave está en aceptar las características únicas de nuestros hijos y valorar sus puntos fuertes. Compartimos historias inspiradoras de personas con éxito en el espectro autista para mostrar su ilimitado potencial con el apoyo y la orientación adecuados. Nuestro objetivo es dotar a los padres de los recursos necesarios para reconocer y maximizar las capacidades de sus hijos, ya que todos los niños tienen un potencial increíble.

CONCLUSIÓN

Como guía para padres con hijos que padecen TEA o síndrome de Asperger, este recurso ofrece una visión global y abarca una serie de temas difíciles que pueden ayudar a los padres a comprender a su hijo. Esto incluye cómo comunicarse con los seres queridos acerca de su diagnóstico, cómo apoyar a los niños con TEA en sus interacciones sociales y la comunicación, las formas de manejar los comportamientos repetitivos y obsesiones, cómo abordar los problemas sensoriales y problemas de sueño, y cómo manejar el comportamiento agresivo y disciplinar a los niños con TEA.

Además, la guía ofrece consejos sobre socialización y cómo hacer amigos para los niños con TEA, cómo afecta el autismo a la vida familiar y cómo los padres pueden prepararse económicamente para el futuro de su hijo. También hay consejos prácticos para planificar educación y las finanzas, así como estrategias para ayudar a los niños en la transición a la edad adulta y a vivir de forma independiente.

Hemos incluido relatos motivadores de personas reales con autismo, entre las que se incluyen conocidos, compañeros de trabajo y figuras de éxito muy conocidas. Estos relatos ponen de relieve las fortalezas y capacidades distintivas de los niños diagnosticados con TEA y subrayan la importancia de fomentar sus aptitudes y apoyarles para que desarrollen su máximo potencial en la vida.

Toda esta información gira en torno a un enfoque de 360 grados basado en cinco pilares. Estos Cinco Pilares pretenden abordar un aspecto específico de la crianza de niños con Trastorno del Espectro Autista (TEA) y síndrome de Asperger, y cada capítulo corresponde a un pilar diferente, o a veces incluso a una combinación de ellos.

El primer pilar tiene como objetivo explicar por qué los niños con TEA se comportan como lo hacen. Esto ayuda a los padres a comprender la condición de su hijo y a poner en práctica las estrategias eficaces que se analizan en el Pilar Dos para fomentar el crecimiento del carácter y liberar su potencial. El Tercer Pilar abarca tácticas para manejar el comportamiento impredecible, incluida la conducta obsesiva y hostil, y abordar los desafíos sensoriales. El cuarto pilar esboza métodos para manejar el estrés que supone cuidar de un niño autista, manteniendo al mismo tiempo unas relaciones familiares sanas. Por último, el quinto pilar ofrece sugerencias para obtener ayuda económica y prepararse para el futuro, ayudando a los padres a proporcionar el mejor apoyo a su hijo con TEA.

Su hijo con autismo es un individuo único con sus propios talentos y dones. Aunque se enfrente al mundo de forma diferente a los demás, es importante recordar que todos los niños tienen sus propias peculiaridades y diferencias. Céntrese en los puntos fuertes, los intereses y las capacidades de su hijo para ayudarle a desarrollar todo su potencial y a llevar una vida feliz y sana.

Aplicando las estrategias descritas en el marco de los Cinco Pilares, podrá apoyar eficazmente a su hijo con autismo y ayudarle a prosperar. Ahora puede comprender y responder mejor a su comportamiento, fomentar su desarrollo social y emocional, gestionar sus problemas sensoriales y crear un entorno positivo y de apoyo en casa. Además, podrá planificar el futuro económico de su hijo mientras controla el estrés y mantiene unas relaciones sanas con su familia.

Recuerde que su hijo no se define por su diagnóstico y que tiene un potencial ilimitado. Con su apoyo y orientación, puede superar los obstáculos y lograr grandes cosas. Acepte sus perspectivas y puntos fuertes únicos, y vea cómo se convierten en la persona increíble que siempre han estado destinados a ser.

REFERENCIAS

4 formas en que el autismo causa estrés en la familia. (2021, 24 de junio). Goally. https://getgoally.com/blog/4-ways-autism-impact-the-family/

11 Consejos sobre cómo diseñar una habitación para niños con autismo. (2021, 29 de marzo). Magical Nest. https://magicalnest.com/blogs/news/11-tips-on-how-to-design-a-room-for-kids-with-autism

10 actividades sensoriales divertidas para un niño con autismo. (2022). Foster Care Associates. https://www.thefca.co.uk/fostering-autistic-children/sensory-activities-children-autism/

Una cita de Amanda Rae Ross. (s.f.). People's Care. https://peoplescare.com/amazing-autism-quotes/

Una cita de Claire LaZebnik. (s.f.). Overall Motivation. https://www.overallmotivation.com/quotes/autism-quotes/

Una cita de Joan Ryan. (s.f.). Goodreads. https://www.goodreads.com/quotes/345624-motherhood-is-about-raising-and-celebrating-the-child-you-have

Una cita de Lyndon B. Johnson. (s.f.). BrainyQuote. https://www.brainyquote.com/quotes/lyndon_b_johnson_103549

Cita de Temple Grandin. (s.f.-a). Cross River Therapy. https://www.crossrivertherapy.com/autism/quotes

Cita de Temple Grandin. (s.f.-b). Hidden Talents ABA. https://hiddentalentsaba.com/autism-quotes/

Cita de Tricia Goyer. (s.f.). Goodreads. https://www.goodreads.com/work/quotes/61651624-calming-angry-kids-help-and-hope-for-parents-in-el-torbellino

Una cita de Unknown. (s.f.). Youth Dynamics. https://www.youthdynamics.org/18-quotes-to-help-you-on-the-path-to-purposeful-parenting/

Cita de Violet Stevens. (s.f.). Autism Parenting Magazine. https://www.autismparentingmagazine.com/quotes-about-autism/

Una cita de Yoda. (s.f.). Successful Spirit. https://www.thesuccessfulspirit.com/in-a-dark-place-we-find-ourselves/

Abdullah, M. (2021, 19 de febrero). How Parents of Children With Autism Can fortalecer su relación.

Greater Good Magazine. https://greatergood.berkeley.edu/article/item/how_parents_of_children_with_autism_can_strengthen_their_relationship

Agresión y autismo: Cómo manejar el comportamiento agresivo. (2022, 3 de febrero). Behavioral Innovations - ABA Therapy for Kids with Autism. https:// behavioral-innovations.com/blog/aggression-in-children-with-autism/

Agresión en el Autismo - Una Causa Simple. (2021, 24 de julio). Thinking Autism Taking Action. https://www.thinkingautism.org.uk/aggression-in-autism-one-simple-cause/

Anderson, C. (2015, 11 de noviembre). Los niños con autismo y la agresión. SPARK for Autism. https://sparkforautism.org/discover_article/children-with-autism-and-aggression/

Andreasen, H. (2022, 2 de abril). ¿Puedo obtener ayuda financiera para mi hijo autista? | Recursos para el autismo. Songbird Therapy. https://www.song birdcare.com/articles/can-i-get-financial-assistance-for-my-child-with-autism

Autismo. (2022, 29 de marzo). Organización Mundial de la Salud (OMS). https://www.who.int/news-room/fact-sheets/detail/autism-spectrum-disorders

Estrategias de comunicación en el autismo. (2021, 25 de octubre). LeafWing Center.https:// leafwingcenter.org/autism-communication-strategies/

Trastorno del espectro autista. (2022, marzo). Instituto Nacional de Salud Mental. https://www.nimh.nih.gov/health/topics/autism-spectrum-disorders-asd

Barbera, M. (2022, 29 de marzo). Why Timeouts Don't Work and Alternatives You Can Use Instead. Dra. Mary Barbera. https://marybarbera.com/why-timeouts-dont-work-alternatives/

Barloso, K. (2019, 29 de julio). Habilidades sociales en el autismo: Cómo mejorar la interacción social. Autism Parenting Magazine. https://www.autismparentingmagazine.com/autism-social-skills/

Beversdorf, D. (2014, julio). Cómo hacerse la prueba del autismo siendo adulto. Autism Speaks. https://www.autismspeaks.org/expert-opinion/getting-evaluated-autism-adult-where-go-who-see

Broady, T. R., Stoyles, G. J., & Morse, C. (2015). Understanding carers' lived experience of stigma: the voice of families with a child on the autism spectrum. Health & Social Care in the Community, 25(1), 224-233. https://doi.org/10.1111/hsc.12297

Burtt, K. (2022, 22 de febrero). 18 Celebrities Who Have Opened Up About Raising a Kid With a Disability. DIVERSEability Magazine. https://diverseabilitymagazine.com/2022/02/18-celebrities-opened-raising-kid-disability/

Centro de Aprendizaje del Autismo Carmen B. Pingree. (2021, 18 de febrero). Diferencias de Sensibilidad en el Autismo: Sobrecarga Sensorial. The Carmen B. Pingree Autism Center of Learning. https://carmenbpingree.com/blog/sensory-overload-in-autism/

Chen, G. (2022). Ayudando a Niños con Autismo a Desarrollar Amistades. Stages Learning. https://blog.stageslearning.com/blog/helping-children-with-autism-develop-friendship

Churchman, F. (2019, 9 de abril). Estrategias para ayudar a los niños autistas (y a sus familias) a dormir bien. ABC Everyday. https://www.abc.net.au/everyday/how-to-help-children-with-autism-get-a-good-nights-sleep/10974346

Churchman, F., & Saunders, T. (2019, 1 de abril). Ser el mejor defensor de su hijo autista en la escuela. ABC Everyday. https://www.abc.net.au/everyday/being-the-best-advocate-for-your-autistic-child-at-school/10947344

¿Comunicarse con un niño que tiene Aspergers? (2021, 20 de diciembre). SpecialKids.company. https://ca.specialkids.company/blogs/latest-news/communicating-with-a-child-who-has-aspergers?shpxid=da8a3-c20-5f17-48a7-9058-f5e5a690fb64

Comunicación: niños autistas. (2021, 19 de mayo). Raising Children Network Australia. https://raisingchildren.net.au/autism/communicating-relationships/communicating/communication-asd

Cooperman, T. (s.f.). Suplementos para el autismo - ¿Cuáles son beneficiosos para el autismo? ConsumerLab.com. Obtenido el 23 de abril de 2023, del sitio Web: https://www.consumerlab.com/answers/which-supplements-have-been-shown-to-be-helpful-for-autism/supplements-for-autism/

Cómo crear un plan financiero a largo plazo para su hijo con autismo. (2021, 5 de noviembre). American Advocacy Group. https://www.americanadvocacygroup.com/creating-a-long-term-financial-plan-for-your-child-with-autism/

Deolinda, A. (2021, 8 de abril). Center Stage: Famous People With Autism.

Autism Parenting Magazine. https://www.autismparentingmagazine.com/famous-people-with-autism/

Dietert, R. R., Dietert, J. M., & Dewitt, J. C. (2011). Factores de riesgo ambiental para el autismo. Emerging Health Threats Journal, 4(1), 7111. https://doi.org/10.3402/ehtj.v4i0.7111

Estrategias de disciplina para niños y adolescentes autistas. (2020b, 18 de noviembre). Raising Children Network Australia. https://raisingchildren.net.au/autism/behaviour/common-concerns/discipline-for-children-teens-with-asd

Academia Divina. (2020, 2 de julio). 20 great quotes about autism and special needs. divineacademy. https://www.divineacademy.com/post/20-great-quotes-about-autism-and-special-needs

Drake, K. (2021, 29 de julio). Elon Musk abrió sobre el autismo: Here's What We Learned. Psych Central. https://psychcentral.com/autism/elon-musk-opened-up-about-autism-heres-what-we-learned#response-to-musk

Ebert, M. (2022). Estrategias para responder a comentarios groseros sobre el comportamiento de su hijo. Stages Learning. https://blog.stageslearning.com/blog/strategies-for-responding-to-rude-comments-about-your-childs-behavior

Estrés familiar y trastorno del espectro autista. (2017, 31 de enero). Raising Children Network Australia. https://raisingchildren.net.au/autism/communicating-relationships/family-relationships/family-stress-asd

Fay, M. (2022, 26 de agosto). Financial Help for Special Needs Children & Their Families (Ayuda económica para niños con necesidades especiales y sus familias). Debt.org. https://www.debt.org/advice/financial-help-special-needs/

Guía de recursos financieros para familias de niños con autismo. (2022, 21 de noviembre). National Debt Relief. https://www.nationaldebtrelief.com/financial-resource-guide-for-families-of-children-with-autism/

Gailliot, M. T., y Baumeister, R. F. (2007). La fisiología de la fuerza de voluntad: Linking Blood Glucose to Self-Control. Personality and Social Psychology Review, 11(4), 303-327. https://doi.org/10.1177/1088868307303030

Goldwert, L. (2012, 5 de junio). Tommy Hilfiger: Mi hija Kathleen, el hijo de mi esposa Dee ambos en el espectro autista. New York Daily News. https://www.nydailynews.com/life-style/health/tommy-hilfiger-daughter-kathleen-wife-dee-son-autism-spectrum-article-1.1089738

Gray, D. E. (1993). Percepciones del estigma: los padres de niños autistas. Sociology of Health and Illness, 15(1), 102-120. https://doi.org/10.1111/1467-9566.ep11343802

Gray, D. E. (2002). "Todo el mundo se queda paralizado. Everybody is just embarrassed": felt and enacted stigma among parents of children with high functioning alto funcionamiento. Sociology of Health & Illness, 24(6), 734-749. https://doi.org/10.1111/1467-9566.00316

Hargitai, L., Livingston, L. A., & Shah, P. (2022, 14 de noviembre). Elon Musk: cómo ser autista puede hacerle pensar de forma diferente. The Conversation. https://theconversation.com/elon-musk-how-being-autistic-may-make-him-think-differently-194228

¿Cómo le digo a la gente que mi hijo tiene autismo? Una guía completa para conversaciones difíciles. (2023, 28 de marzo). Beaming Health. https://beaminghealth.com/article/how-do-i-tell-people-my-child-has-autism

¿Cómo afecta el autismo a la vida familiar? (sin fecha). Guía de programas de análisis conductual aplicado. https://www.appliedbehavioranalysisprograms.com/faq/how-does-autism-affect-family-life/

Cómo tratar las conductas obsesivas y repetitivas. (2023a). Durham Region Autism Services. https://www.durham-autism.org/obsessive-repetitive-behaviour-autism/

Cómo mejorar la capacidad de escucha en niños con TDAH y autismo. (2018, 21 de diciembre). Special Strong. https://www.specialstrong.com/how-to-improve-listening-skills-in-children-with-adhd-and-autism/

Cómo pasar de una escuela de autismo a una escuela ordinaria. (2018, 28 de febrero). Sarah Dooley Center for Autism. https://www.sarahdooleycenter.org/news/how-to-move-from-an-autism-school-to-a-mainstream- school/

Hull, T. (2020, 24 de diciembre). Planificación financiera esencial: 10 consideraciones para las familias con un niño autista. Autism & ADHD Connection. https://autismadhdconnection.com/essential-financial-planning-10-considerations-for-families-with-an-autistic-child/

Jewell, T. (2020, 16 de abril). Asperger vs. Autismo: ¿Cuál es la diferencia? Healthline. https://www.healthline.com/health/aspergers-vs-autism#about-aspergers

Johnson, K. (2021, 20 de mayo). Cómo los padres y cuidadores de niños con autismo lidian con el estrés. LEARN Behavioral. https://learnbehavioral.

com/blog/how-parents-and-caregivers-of-kids-with-autism-cope-with-stress

Kanne, S. M., y Mazurek, M. O. (2010). Agresión en niños y adolescentes con TEA: Prevalencia y factores de riesgo. Journal of Autism and Developmental Disorders, 41(7), 926-937. https://doi.org/10.1007/s10803-010-1118-4

Kaplan, K. (2021, 29 de enero). How to Prepare your Autistic Child for Independent Living (Cómo preparar a su hijo autista para la vida independiente). Autism Parenting Magazine. https://www.autismparentingmagazine.com/asd-independent-living/

King, H. (2022, 15 de abril). Elon Musk abre sobre crecer con Asperger. Axios. https://www.axios.com/2022/04/15/elon-musk-aspergers-syndrome

Lee, K. (2022, 5 de diciembre). Reasons Why Time Out May Be Not Working for Your Child. Verywell Family. https://www.verywellfamily.com/reasons-why-time-may-not-be-working-for-your-child-3858981

Loiselle, M. (2021, 2 de abril). How to Explain Autism to Children. Indy's Child Magazine.https://indyschild.com/how-to-explain-autism-to-children/#:

Lovering, N. (2021, 26 de octubre). Superdotación y autismo: What to Know. Psych Central. https://psychcentral.com/autism/autistic-and-gifted-supporting-the-twice-exceptional-child

Marks, J. L. (2018, 29 de agosto). Mi hijo tiene síndrome de Asperger o autismo? Everyday Health. https://www.everydayhealth.com/aspergers/how-aspergers-different-than-autism/

Mattei, M. (2020, 11 de junio). Autismo y sueño - Patrones y trastornos explicados.

Sleep Advisor. https://www.sleepadvisor.org/autism-and-sleep/

Personal de la Clínica Mayo. (2018, 6 de enero). Trastorno del espectro autista - Síntomas y causas. Mayo Clinic; Fundación Mayo para la Educación e Investigación Médica. https://www.mayoclinic.org/diseases-conditions/autism-spectrum-disorder/symptoms-causes/syc-20352928

Meyers, M. (2016, 31 de enero). Cómo los padres pueden ayudar a sus hijos autistas a hacer amigos. WeHaveKids. https://wehavekids.com/parenting/How-to-Help-Your-Child-With-Autism-Develop-Meaningful-Friendships.

Morin, A. (2022, 4 de septiembre). Las maneras más efectivas de disciplinar a un niño con autismo. Verywell Family. https://www.verywellfamily.com/

discipline-strategies-for-children-with-autism-4005045

Morrison, J. (2021, 15 de abril). 5 Smart Ways to Identify Talent in an Autistic Child (5 maneras inteligentes de identificar el talento en un niño autista). Mommy's Memorandum. https://mommysmemorandum.com/identify-talent-in-an-autistic-child/

Nedeoglo, K. (2019, 21 de junio). 5 Pasos para dejar a su hijo autista con un cuidador. Marvelously Set Apart. https://marvelouslysetapart.com/2019/06/21/autistic-child-with-caregiver/

Novak, S. (2022, 2 de diciembre). Autism Myths and Facts. WebMD. https://www.webmd.com/brain/autism/features/autism-myths-facts

Obsesiones - ¿Cuándo es necesario corregirlas? (2022, 22 de marzo). Centro de Autismo Healis. https://www.healisautism.com/post/obsessions-when-necessary-correct-them

Obsesiones y conductas repetitivas - una guía para todos los públicos. (2020a, 14 de agosto). National Autistic Society. https://www.autism.org.uk/advice-and-guidance/topics/behaviour/obsessions/all-audiences

Comportamiento obsesivo, rutinas y rituales: Trastorno del Espectro Autista. (2021). Families for Life. https://familiesforlife.sg/parenting/Special-Needs/Pages/Development/Behaviour/ Specialneeds_ASD_Obsessive_-Routines_Rituals.aspx

Rice, A. (2021, 6 de septiembre). Cómo afecta el autismo a las familias: Challenges and Positives. Psych Central. https://psychcentral.com/autism/how-autism-affects-family-life

Ryan, S. (2010). "Meltdowns", vigilancia y gestión de las emociones; salir con niños con autismo. Health & Place, 16(5), 868-875. https://doi.org/10.1016/j.healthplace.2010.04.012

Sarris, M. (2013, 23 de julio). Autismo en la adolescencia: Qué esperar, cómo ayudar. Red Interactiva de Autismo del Instituto Kennedy Krieger. https://www.kennedykrieger.org/stories/interactive-autism-network-ian/autism_in_teens

Sauer, M. (2016, 1 de abril). 15 padres famosos que se han vuelto reales sobre la crianza de niños con autismo. SheKnows. https://www.sheknows.com/parenting/slideshow/5643/celebs-who-have-kids-with-autism/4/

Seladi-Schulman, J. (2019, 30 de abril). Tratamiento del síndrome de Asperger: Conozca sus opciones. Healthline Media. https://www.healthline.com/health/autism/aspergers-treatment

Hermanos/familia extensa. (s.f.). Milestones Autism Resources. Extraído el 19 de abril de 2023, de https://www.milestones.org/get-started/for-families/siblingsextended-family

Signos y síntomas de los trastornos del espectro autista. (2019a). Centros para el Control y la Prevención de Enfermedades. https://www.cdc.gov/ncbddd/autism/signs.html

Singer, E. (2010). La herramienta "W.I.S.E. Up!": capacitar a los niños adoptados para hacer frente a preguntas y comentarios sobre la adopción. Enfermería Pediátrica, 36(4), 209-212. https://pubmed.ncbi.nlm.nih.gov/20860261/

Singh, N. N., Lancioni, G. E., Karazsia, B. T., Myers, R. E., Hwang, Y.-S., & Anālayo, B. (2019). Los efectos del entrenamiento en apoyo conductual positivo basado en Mindfulness (MBPBS) son igualmente beneficiosos para las madres y sus hijos con trastorno del espectro autista o con discapacidad intelectual. Frontiers in Psychology, 10. https://doi.org/10.3389/fpsyg.2019.00385

Skibitsky, J. (s.f.). Helping Children with Autism Grow into Productive Young Adults. ABS Kids. Recuperado el 19 de abril de 2023, de https://blog.abskids.com/helping-children-with-autism-grow-into-productive-young-adults

Skoyles, C. (2018, 8 de octubre). 15 Personas exitosas con autismo que han inspirado a millones de personas. Lifehack. https://www.lifehack.org/805825/successful-people-with-autism

El sueño y el autismo. (2020b, 20 de agosto). National Autistic Society. https://www.autism.org.uk/advice-and-guidance/topics/physical-health/sleep/parents

Problemas de sueño y soluciones: niños autistas. (2020a, 11 de junio). Raising Children Network Australia. https://raisingchildren.net.au/autism/health-wellbeing/sleep/sleep-problems-children-with-asd

Smith, K. (2020, 5 de febrero). Coping with Stress While Caring for a Child with Autism. Psycom. https://www.psycom.net/coping-with-stress-while-caring-for-a-child-with-autism

Habilidades sociales para niños autistas. (2023). Raising Children Network Australia. https://raisingchildren.net.au/autism/communicating-relationships/connecting/social-skills-for-children-with-asd#helping-autistic-children-use-social-skills-in-different-situations-nav-title

Habilidades sociales en niños con síndrome de Asperger: problemas y soluciones. (2023b). Durham Region Autism Services. https://www.durham-autism.org/social-skills-in-children-with-aspergers-syndrome/

Solomon, M., Iosif, A.-M., Reinhardt, V. P., Libero, L. E., Nordahl, C. W., Ozonoff, S., Rogers, S. J., & Amaral, D. G. (2017). Qué deparará el futuro de mi hijo? Fenotipos del desarrollo intelectual en niños de 2 a 8 años con trastorno del espectro autista. Autism Research, 11(1), 121-132. https://doi.org/10.1002/aur.1884

Estrategias para abordar la repetición de frases verbales en niños. (2023). Watson Institute. https://www.thewatsoninstitute.org/watson-life-resources/situation/strategies-address-repeated-verbal-phrases/

Tatom, C. (2022, 10 de enero). Autistic Child Hitting Parents: Ideas and Solutions. Autism Parenting Magazine. https://www.autismparentingmagazine.com/child-hitting-parents-solutions/

Taylor, M. J., Gustafsson, P., Larsson, H., Gillberg, C., Lundström, S., & Lichstenstein, P. (2018). Examinando la Asociación entre Rasgos Autistas y Reactividad Sensorial Atípica: Un Estudio de Gemelos. Journal of the American Academy of Child & Adolescent Psychiatry, 57(2), 96-102. https://doi.org/10.1016/j.jaac.2017.11.019

El sitio del autismo. (2017, 21 de octubre). 8 Consejos para desarrollar la paciencia con su hijo. The Autism Site News.https://blog.theautismsite.greatergood.com/cs-patience-with-child/

Prosperar como adolescente con autismo: ¡Los 5 mejores consejos para la transición! (2022, 4 de noviembre). ABA Centers of America. https://www.abacenters.com/teenager-with-autism/

Tick, B., Bolton, P., Happé, F., Rutter, M., & Rijsdijk, F. (2016). Heredabilidad de los trastornos del espectro autista: un meta-análisis de estudios de gemelos. Journal of Child Psychology and Psychiatry, and Allied Disciplines, 57(5), 585-595. https://doi.org/10.1111/jcpp.12499

Tobik, A. (2018). Historias sociales para niños autistas. Autism Parenting Magazine. https://www.autismparentingmagazine.com/social-stories-for-autistic-children/

Servicios de tratamiento e intervención para el trastorno del espectro autista. (2019b, 23 de septiembre). Centros para el Control y la Prevención de Enfermedades. https://www.cdc.gov/ncbddd/autism/treatment.html

Tipos de problemas sensoriales en el autismo. (2021, 7 de septiembre). Behavioral Innovations - ABA Therapy for Kids with Autism. https://behavio

ral-innovations.com/blog/types-of-sensory-issues-in-autism-examples-and-treatment-options/

Uljarević, M., Prior, M. R., & Leekam, S. R. (2014). Primera evidencia de atipicidad sensorial en madres de niños con Trastorno del Espectro Autista (TEA). Molecular Autism, 5(1), 26. https://doi.org/10.1186/2040-2392-5-26

Centro médico de la Universidad de Rochester. (2019). Interactuando con un niño que tiene trastorno del espectro autista. Rochester.edu. https://www.urmc.rochester.edu/encyclopedia/content.aspx?contenttypeid=160&contentid=46

Vijayalakshmi, S., & Kripa, K. G. (2015, abril). Autismo-Toxicidad por metales pesados y remedios herbales: A Review. Research Gate. https://www.researchgate.net/publication/275272100_Autism-Heavy_Metal_Toxicity_and_Herbal_Remedies_A_Review (en inglés)

Voight, D. (s.f.). Link Between Autism and Mercury (Relación entre autismo y mercurio). Denise Voight. Extraído el 23 de abril de 2023, de https://www.denisevoight.com/blog/link-between-asd-and-mercury-toxicity

Watson, S. (2008, julio). Helping Your Child With Autism Get a Good Night's Sleep. WebMD. https://www.webmd.com/brain/autism/helping-your-child-with-autism-get-a-good-nights-sleep

¿Qué debo hacer si mi hijo con autismo me pega? (2021, 25 de febrero). Therapeutic Pathways. https://www.tpathways.org/faqs/what-should-i-do-if-my-child-with-autism-hits-me/

Por qué los autistas tienen problemas con las habilidades sociales? (2017, 8 de agosto). AppliedBehav- iorAnalysisEdu.org. https://www.appliedbehavioranalysisedu.org/why-do-autistics-have-issues-with-social-skills/

REFERENCIAS DE IMÁGENES

CDC. (s.f.). Pediatric Developmental Screening Flowchart. [Imagen]. Centros para el Control y la Prevención de Enfermedades. https://www.cdc.gov/ncbddd/utism/images/Screening-Chart-575x715.jpg?_=58552?noicon